Mentales
Golf

Das **Praxis**buch

Mentales Golf

Thomas Wörz

In Zusammenarbeit mit Egon Theiner

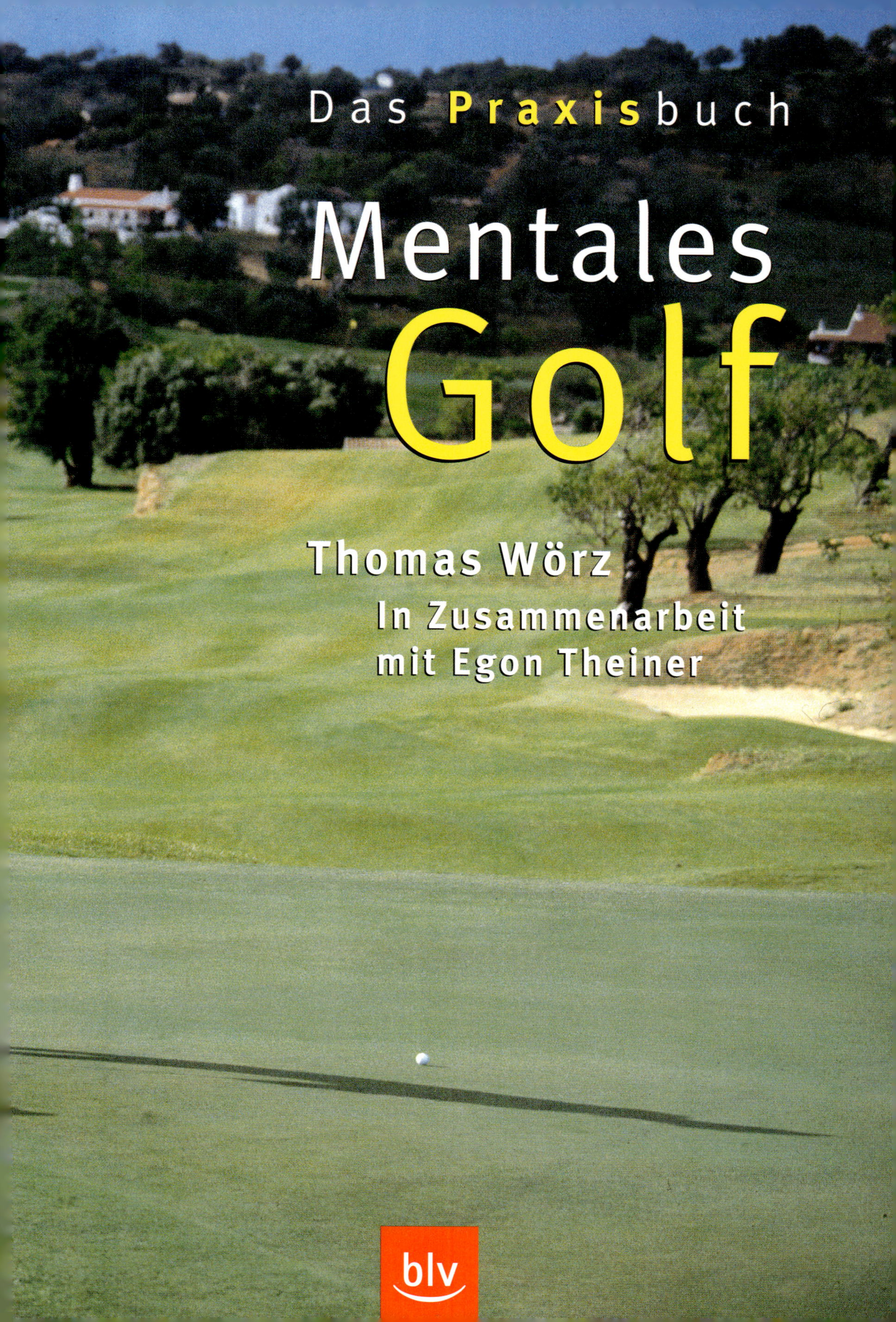

blv

Inhalt

150

Einführung

18 Löcher, 18 Herausforderungen. Mentales Spiel

Schnell, stark und beweglich zu sein wie die Konkurrenz reicht im 21. Jahrhundert nicht mehr aus, um Wettbewerbe zu gewinnen. Wer siegen will, muss den »optimalen Leistungszustand« anstreben und darf daher mentales Training nicht vernachlässigen.
»Ich habe mich einfach gut gefühlt.« Oder: »Heute ist eben alles gelungen.« Oder: »Ich habe wie in Trance gespielt«, sind Aussagen erfolgreicher Sportler. Dazugehörende Begriffe sind: ausgezeichnete Tagesverfassung, herausragende Form, positive Einstellung, mentale Stärke. Im Spitzensport entscheiden nicht mehr die technischen und motorischen Fertigkeiten – die Unterschiede bei Weltklassesportlern sind nur minimal –, sondern die Entfaltung dieser Fähigkeiten, »wenn's drauf ankommt« am Tag X.
Der Kopf wird zum dominierenden Faktor. Vom Gehirn her wird das Nerven- und Muskelsystem koordiniert. Die Steuer- und Verarbeitungszentrale des Menschen ist beeinflussbar, mehr noch: programmierbar. Mentales Training bietet somit die Möglichkeit, die Kapazitäten des Körpers weiter auszuschöpfen. Es hilft dem Sportler, Störfaktoren umzubewerten und für sich zu nutzen. Es ist besser als Doping, und zudem noch legal. Doch während in Nordamerika Mentaltrainer im Sport bereits auf großen Zuspruch stoßen und fester Bestandteil in den Olympiamannschaften sind, fehlt es dieser Kategorie in Europa immer noch an Akzeptanz. »Entweder es läuft oder es läuft nicht«, sagen Funktionäre und Sportler zuweilen achselzuckend. »Mentaltraining ist etwas für Schwächlinge.« Das ist falsch, ganz falsch. Sogar Skistars wie Olympiasieger Fritz Strobl und Weltmeisterin Sonja Nef haben mit mentalem Training noch größere Erfolge errungen als jahrelang zuvor ohne. Ihr Mentaltraining hat sich bezahlt gemacht.
Das Ziel des mentalen Trainings ist die Fähigkeit, den »optimalen Leistungszustand« jederzeit erreichen zu können. Dieser ist geprägt durch eine tranceähnliche, harmonische Einheit in der Bewegung. Befindet sich ein Golfer, ein Skifahrer oder ein Judoka in dieser Phase des Glücks, der Entspannung, der Zufriedenheit, möchte er, dass das Turnier, der Slalomhang, die Bewegung auf der Matte, kein Ende findet. Die Handlung bereitet keine Mühe – im Gegenteil: Sie ist ein Zustand tiefster Erfüllung.
An einem Turniertag stehen für Sie, als engagierter Hobbygolfer, 18 Löcher an. 18 Abschläge, 18 und mehr größere oder kleinere Herausforderungen. Sie sind nervös, wollen sich nicht blamieren, wollen das Beste aus sich herausholen. Dass Sie Golf spielen können, wissen Sie. 18 Löcher bedeuten aber nicht nur auf dem technisch-konditionellen Sektor 18 Herausforderungen, sondern auch 18 mentale Problemfälle. Das vorliegende Buch soll Ihnen behilflich sein, zu sich selbst zu finden, Sorgen und Ängste nicht zu verdrängen, sondern Strategien zu entwickeln (und anzuwenden) sowie diese zu verarbeiten. Auf Rituale sollen Sie sich in Momenten der Krise verlassen können.

Von Bobby Jones (1902–1971), der sich im Alter von 28 Jahren mit 13 gewonnenen Major-Titeln vom Golfen zurückzog, kommt ein Ausspruch, der Gültigkeit hat, seit es den Golfsport gibt: »Es ist nicht wahr, dass dieser Sport auf einigen Hektar Land gespielt wird. Golf wird auf einem Platz von 15 Zentimetern gespielt: dem Abstand zwischen Ihren Ohren.«

Ein Beispiel: So nicht! Ein verpatzter Tag, auf den es angekommen wäre

Nun mal ganz ehrlich. Haben Sie kein flaues Gefühl im Magen gehabt, als Sie zu Ihrem ersten einigermaßen wichtigen Golfturnier aufbrachen? Nun gut, alle, auch Sie selbst haben gewusst, dass Sie nicht der zweite Tiger Woods sein werden. Doch jeder erwartet von sich – nach einer entsprechenden Trainingsleistung – einen dementsprechenden Erfolg im Turnier. Welcher dann auch gekommen ist, viel zu spät zwar, als es um nichts mehr ging, aber immerhin.

In der Zwischenzeit haben Sie einige Wettbewerbe mehr bestritten, mit mäßigem Erfolg, mit einem guten, zwei schlechten und drei ganz schlechten Schlägen pro Loch. Das nächste Turnier wirft seinen Schatten voraus, und allein der Gedanke an diesen Tag lässt Sie schon nervös und schlaflos werden. Sie reden sich ein, dass gewisse Fehler an diesem Tag nicht schon wieder passieren dürfen, dass Sie sich nicht ärgern dürfen, sollte ein Schlag misslingen, dass Sie endlich damit aufhören müssen, sich selbst zu beschimpfen, dass Sie locker, locker, locker bleiben müssen und nicht verkrampfen.

Doch gleichzeitig denken Sie sich auch: »Weshalb tue ich mir das überhaupt an dorthin, zu diesem Turnier zu gehen? Was passiert, wenn ich mich wieder blamiere? Was denken meine Kollegen, meine Freunde, meine Angehörigen, wenn wieder ein negativer Score zu Buche steht? Und überhaupt: Mit wem werde ich im Flight spielen müssen? Werden das meine Bekannten sein oder Geschäftspartner, die ich an diesem Tag lieber gar nicht sehen möchte?«

Sie investieren einen Tag Ihrer Freizeit für das Golfspiel. Sie erwarten Erfolgserlebnisse und Selbstbestätigung, wie auch Ihr Geschäftspartner sie hat. Der spielt ja ein gutes Turnier nach dem anderen. Sie nicht. Aber das wäre vielleicht noch akzeptabel, wenn da nicht Ihr Lebenspartner ständig sein Handicap verbessern würde. Und dann das Wetter: Kalt und regnerisch ist es, der Wind macht den Tag auch nicht schöner. Sie müssen viereinhalb Stunden mit einem Regenanzug agieren, sind in Ihrer Bewegungsfreiheit eingeschränkt, und nach einer anstrengenden Arbeitswoche rät Ihnen Ihr Verstand: »Bleib' doch daheim. Im Bett ist es kuschelig warm, und wenn schon der Sinn nach Golf steht: Auf irgendeinem Sender wird wohl was vom Tiger übertragen.« Sie aber stehen auf dem Golfplatz, schon vor dem ersten Abschlag nass wie ein begossener Pudel und prophezeien sich: »Es wird ja wieder nichts werden.«

Eigentlich haben Sie irgendwie noch Glück gehabt, pünktlich zu Turnierbeginn zu erscheinen. Das Pech dabei: Der Stress wird zu Ihrem persönlichen Begleiter. Sie haben wenig Zeit sich einzuschlagen, eigentlich gar keine mehr. Das heißt, dass Sie auch dementsprechend unsicher auf den ersten Abschlag müssen, und innerlich graut Ihnen schon davor. Die Mitspieler warten bereits

1 Die Angst des Golfers vor dem Wasser

auf Sie, sind wortkarg und reserviert aber höflich, vielleicht ein wenig ungeduldig. Während Sie den Ball aufteen, denken Sie automatisch: »Hoffentlich fliegt der Ball nicht zu weit nach links in das Wasser oder zu weit nach rechts ins Rough.« Das wäre ja furchtbar peinlich, den Tag mit einem verpatzten Schlag zu beginnen, da würden Sie am liebsten gleich in den Erdboden versinken. Nur nicht ins Wasser, nur nicht ins Wasser. Sie verkrampfen, nehmen sich vor, sicherheitshalber doch eher nach rechts zu spielen. Der Schlag bringt den Ball genau dorthin, wo Sie ihn nicht haben wollten. Sie haben den Ball nicht richtig getroffen, ihn ohne richtige Flugbahn direkt ins Wasser geschossen. Sie bilden sich ein, dass hinter Ihnen jemand gekichert hätte, aber das war sicher nur in Ihrer Fantasie. »Das kann ja heiter werden«, sagen Sie, doch noch haben Sie nicht resigniert. Angetrieben vom Grübelkreislauf, hin- und hergezerrt von innerer Unruhe, hasten Sie an die Stelle, wo sich der Golfball vom trockenen Untergrund verabschiedet hat. Ihre Absicht ist es, die unangenehme Situation möglichst schnell zu bereinigen, mit einem Schlag aufzuholen, was sie mit dem anderen angerichtet haben. Sie droppen einen Ball, aber Sie bereiten Ihren Schlag nicht vor. Sie denken immer

noch an das Desaster Minuten zuvor, Sie denken daran, wie sehr die widrigen Wetterverhältnisse Ihrem Spiel schaden, Sie denken daran, dass Sie jetzt einfach NICHT MEHR VERSAGEN DÜRFEN! Getrieben von den Emotionen, wollen Sie Ihren Mitspielern zeigen, dass Sie doch was drauf haben, und ganz besonders jenem, der da gekichert hat oder haben soll, zum Schweigen bringen. Dass das Trio Ihres Flights schon ein wenig Unruhe zeigt, macht Sie abhängig von den möglichen Gedanken Ihrer Mitspieler, noch nervöser. Ihr zweiter Schlag wirbelt ein Stück Gras durch die Luft, aber nicht den Ball.
Während Sie sich nun auf den dritten Schlag vorbereiten (Ihr Score beläuft sich mit Strafschlag dann schon auf 4), sich vornehmen, es nun ein wenig ruhiger angehen zu lassen, sich andauernd einreden, gelassener zu werden, bringt Sie der folgende Flight, der sich keine 50 Meter hinter Ihnen startbereit macht, wieder unter Zeitdruck. Und nachdem auch Ihr erneuter Versuch kaum einen Distanzgewinn gebracht hat, heben Sie den Ball auf und geben das Loch auf.
Sie sind enttäuscht. Sie haben sich so viel vorgenommen und so wenig erreicht. Erinnerungen über verschlagene Bälle tun sich in Ihrem Gedächtnis auf. Widerwillig folgen Sie Ihrem Flight einen ganzen Tag lang, immer an letzter Stelle liegend, von Schlag zu Schlag frustrierter. Während nach dem 18. Loch Ihre Flightpartner sich zum 19. begeben, um dort mit dem einen oder anderen Getränk auf den Golftag anzustoßen, sitzen Sie bereits im Auto und befinden sich auf der Heimreise. »Warum tue ich mir das an?«, fragen Sie sich. »Ob ich nicht besser mit dem Golfen aufhören, oder zumindest keine weiteren Turniere mehr bestreiten sollte?«
Der Tag, der Ihnen wichtig war, hat in der negativsten aller möglichen Formen begonnen. Er hat einen programmgemäßen Verlauf genommen. Er hat programmgemäß geendet. Dabei hätten Sie es selbst in der Hand gehabt, alles anders, also besser, zu machen.

2 Störfaktor – Wasser

Die Philosophie: »Neuer Schlag, neues Spiel! Der optimale Leistungszustand«

Der optimale Leistungszustand ist jener Zustand, in dem der Golfer in der Handlung aufgeht. Er vergisst alles um sich herum, die Gedanken sind auf die automatisierte Aktion gerichtet und daher im Hier und Jetzt. Der österreichische Psychoanalytiker und Buchautor Erich Fromm beschrieb bereits 1956 in seinem Werk »Die Kunst der Liebe« diesen fokussierten Zustand mit folgenden Worten: »Konzentriert sein heißt, ganz in der Gegenwart, im Hier und Jetzt, leben und nicht, während man das eine tut, an das Nächste denken, das anschließend zu tun ist...«

Es ist ein Zustand, in dem das Gehirn ganz auf die Gegenwart konzentriert ist. Den optimalen Leistungszustand zu erreichen, ist ausgesprochen schwierig, denn der größte Teil unserer Gedanken bezieht sich entweder auf die Zukunft und deren Konsequenzen – ist also ergebnisorientiert – oder auf bereits vergangene Ereignisse fokussiert. Ergebnisorientierung kann zwar im Vorfeld Energie freisetzen, wenn ein Ziel klar definiert und verinnerlicht worden ist, sollte aber während der Handlung auf eine notwendige Prozessorientierung umgestellt werden. Darunter versteht man die innere Freude, in der Handlung selbst aufzugehen. Der Golfer genießt jeden Augenblick des Turniers und bezeichnet seinen Handlungsspielraum auf dem Golfplatz als seine Bühne, als eine Plattform einer tiefen inneren Zufriedenheit.

Der Zustand des Seins

Diese innere Zufriedenheit ist einem Seinszustand gleichzusetzen, einem Zustand also, in dem der Sportler völlig loslassen, sich von äußerem und innerem Erwartungsdruck freimachen kann und daher glücklich über seine Existenz und dankbar ist, an dem Geschehen teilhaben zu dürfen. Gegenüber dieser Philosophie des Seins steht die Philosophie des Tuns bzw. das verbitterte Leistungsstreben, das auf den Golfer einwirkt und ihn immer wieder unter Druck setzt, so dass die Wertigkeit seiner Person nur über die Leistung, nur über den Erfolg definiert wird. Hier spielen häufig Erfahrungen aus der Vergangenheit, aus der Erziehung eine Rolle, die bereits den Heranwachsenden ausschließlich Lob und Anerkennung zukommen lassen, wenn sich Erfolg in der Schule und in anderen Bereichen des Lebens einstellt. Gerade diese Leistungsorientierung und dieses Streben nach Anerkennung manifestieren diese Ergebnisorientierung und schwächen dabei die Persönlichkeitsentwicklung, da Sie zu einem Selbstbild führt, in dem sich der Golfer ausschließlich über den Wert der Leistung definiert, nicht über den Wert des menschlichen Seins. Erst wenn es unter extremen Druckbelastungen wieder gelingt, mit sich eins zu sein, sich zu mögen, allein aufgrund der Tatsache, dass man auf dieser Welt ist, macht frei und gelassen und ermöglicht es, über sich selbst hinauszuwachsen und in den optimalen Leistungszustand zu gelangen.

Die Kunst des Golfers ist es, sich in einer psycho-physischen Ausgewogenheit zu befinden. Der Golfer sollte die Fähigkeit besitzen, je nach Anforderung, von einer stärkeren Tuns-Orientierung auf den

Balance Sein – Tun

Zustand des Seins umzuschalten. Mehr Tun ist dann erstrebenswert, wenn der Golfer im entscheidenden Augenblick loslassen, sich gehen lassen und die Macht unbewusster Trancezustände abrufen kann.

Die Kunst loszulassen. Die Gefahr loszulassen

Wer sich mit überhöhter Absicht erfolgreich zu sein, in eine Aufgabe begibt, schaltet die Fähigkeiten des Unbewussten aus und blockiert das Fließgleichgewicht, verkrampft und riskiert, seine Möglichkeiten auf ein Minimum zu reduzieren. Bewusst glaubt der Golfer, mehr Wollen sei gleichbedeutend mit besserer Leistung.

Wer loslassen kann und in ein trügerisches Gefühl der totalen Sicherheit gelangt, von der inneren Freude und einer treibenden Erfolgsgier gepackt wird, läuft Gefahr leichtsinnig zu werden und wird anfällig für Fehler. Daher soll dieser optimale Zustand von einer hohen Aufmerksamkeit und unbewussten Kontrolle begleitet werden. Das heißt, dass die Strategie, das Abschätzen und der Umgang mit kritischen Situationen – schon im Wesentlichen vor dem Turnier festgelegt werden muss.

Loslassen fällt leichter, wenn es einem bewusst wird, dass es sich in diesem Sport letztendlich nur um ein Spiel handelt und auch die Angst vor dem Versagen sich nicht aufschaukeln darf in Bereiche, die mit Leben oder Tod gleichzusetzen sind. Wer während des Golfschlages bewusst denkt und analysiert, ist immer hinten an und blockiert damit einen runden rhythmischen Schlag. Daher ist es wichtig, auf seine Fähigkeiten zu vertrauen und einfach den Ball zu schlagen. Hier ist nicht der linkshirnige Analytiker, sondern der kreative gefühlsorientierte rechtshirnige Spieler gefragt. Der linken Gehirnhälfte werden in der Regel das logische, rationale und kritische Denken sowie daraus resultierend sprachliche und mathematische Fähigkeiten zugeordnet. Im Gegensatz dazu steht die rechte Gehirnhälfte für Visuell-Räumliches, Ganzheitliches, Intuitives, Umfassendes. Teilweise wird auch das westliche bzw. östliche Denken den zwei Gehirnhälften zugeordnet; und auch auf die unterschiedliche Informationsverarbeitung der beiden Gehirnhemisphären wird immer wieder verwiesen – links gradlinig, rechts gleichzeitig und ganzheitlich. Des Weiteren gibt es Ansätze, die die linke Seite für die bestätigte Wahrheit, die rechte für den Prozess der Wahrheitssuche verantwortlich machen. Die Theorien über die Gehirnhälften lassen nach wie vor viele Fragen offen.

Aus diesen Überlegungen heraus wäre es sicher sinnvoll, bei der ausgewogenen Entwicklung eines Golfspielers die ganzheitliche Ausbildung beider Gehirnhälften zu berück-

sichtigen. Es gibt Zeiten logisch zu analysieren, aber auch Zeiten für intuitives ganzheitliches Handeln. So wird der Golfer die Strategie der kommenden Handlung in der Pause zwischen den Schlägen festlegen und somit die linke Gehirnhälfte aktivieren. Der Schlag selbst soll intuitiv, auf der Gefühlsebene, also rechtshemisphärisch ausgeführt werden. Beginnt der Golfer während des Schlages zu analysieren und die Handlung zu hinterfragen, gehen das Gefühl und der optimale Leistungszustand verloren.

Die Bedeutung der Gefühle

Der optimale Leistungszustand ist geprägt durch ein optimales Bewegungsgefühl. Die Bewegungen laufen wie von selbst ab. Der Golfer bewegt sich im Takt. Der Gesamtrhythmus passt. Die Gedanken unterstützen die Handlung. Alles wird subjektiv leicht empfunden.
Für die Wahrnehmung des Menschen sind fünf Sinne relevant: Sehen, Hören, Fühlen, Riechen und Schmecken. Diese können in Abhängigkeit von Situation und Handlung unterschiedliche Bedeutung haben. So wird beispielsweise das Bewegungsgefühl über bewegungsempfindende Sensoren rückgemeldet, die auch als kinästhetische Analysatoren bezeichnet werden. Der kinästhetische Sinn ist für die Feinabstimmung motorischer Abläufe zuständig und reguliert somit den Bewegungsfluss über den Gesamtapparat der bewegungsempfindenden Rezeptoren in allen Muskeln, Sehnen, Bändern und Gelenken. Die Rezeptoren melden sowohl jede kleinste Veränderung in der Positionierung von Rumpf und Extremitäten als auch alle

3 Bewegungsfluss – der optimale Leistungszustand

von außen kommenden Kräfte und Einwirkungen auf den Körper. Weiterhin ist der kinästhetische Analysator für die räumliche und zeitliche Koordination und die Feinabstimmung körperlicher Abläufe zuständig.
Der Körper regelt – vergleichbar mit einer Präzisionsuhr – Intensität, Reihenfolge und zeitlichen Ablauf sämtlicher Bewegungen in ihren feinsten Kombinationen. Dieses Regulierungsschema ist gespeichert.
Die Qualität des Vorstellungstrainings und damit verbunden die Wiedererinnerung des Bewegungsgefühls ist sehr stark an den kinästhetischen Sinn gekoppelt.
Der Anfänger kontrolliert seine Bewegungen mehr durch das Auge, der Könner mehr durch das Bewegungsgefühl.

Die Rolle der Emotionen

Die Emotionen treten uns in einer Mischform entgegen. Die richtige Mischung und Dosierung von Gefühlen wie Freude, Angst, Wut, Trauer und Interesse ist verantwortlich für den optimalen Leistungszustand. Dieser wird häufig zwischen den Polen Angst und Gleichgültigkeit angesiedelt. Gefühle sind immer eng verbunden mit Kognitionen. Dies sind Gedanken und Bewertungen, die wiederum stark beeinflusst werden von Erfahrungen, Erziehung und kulturellem Hintergrund. Alle Wahrnehmungen werden vor allem durch die Mimik und Verhaltensweisen ausgedrückt und somit für die mitmenschliche Umwelt verständlich gemacht.

Erklärungsansätze

Der optimale Leistungszustand lässt sich durch die folgenden Erklärungsmodelle verdeutlichen.

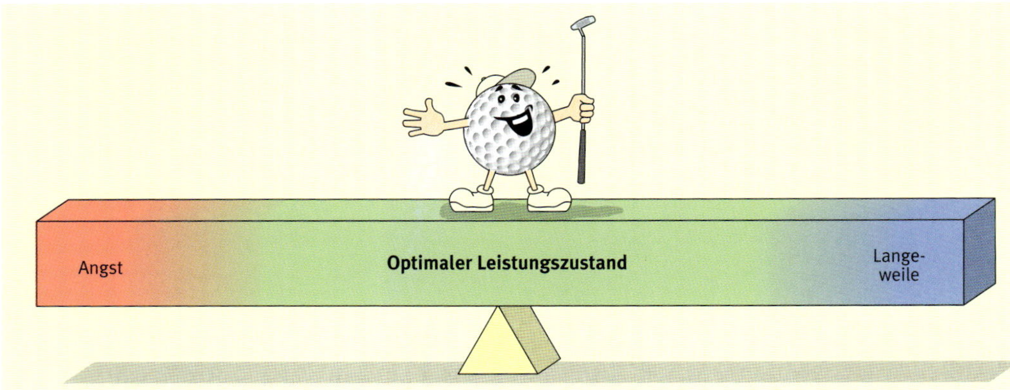

Zwischen Angst und Langeweile

Interaktionsansatz
Es handelt sich um mehrere Ebenen, die den optimalen Leistungszustand verursachen. Sie müssen zusammenspielen (also interagieren), wenn der optimale Leistungszustand erreicht werden soll.

- Emotionsebene/kinästhetische Ebene
- Gedankenebene/Kognitionen
- Verhaltensebene/Motorik
- Spannungsebene/Erregungsniveau

Das gemeinsame Auftreten und Wechselwirken dieser vier Ebenen bringt den Golfer in den optimalen Leistungszustand.
Dann befindet man sich in einem harmonischen System, die Muskeln sind fein aufeinander abgestimmt, arbeiten ökonomisch und effizient. Der Golfspieler kann auf jeder dieser Ebenen den Zugang zum optimalen Leistungszustand finden. Gelingt es, schalten sich alle anderen Ebenen dazu. Hat der Golfer ein gutes Gefühl, stimmen die Gedanken. Die Spannung ist in einem optima-

Zusammenspiel der Ebenen – Interaktves Ebenenmodell nach Wörz 2002

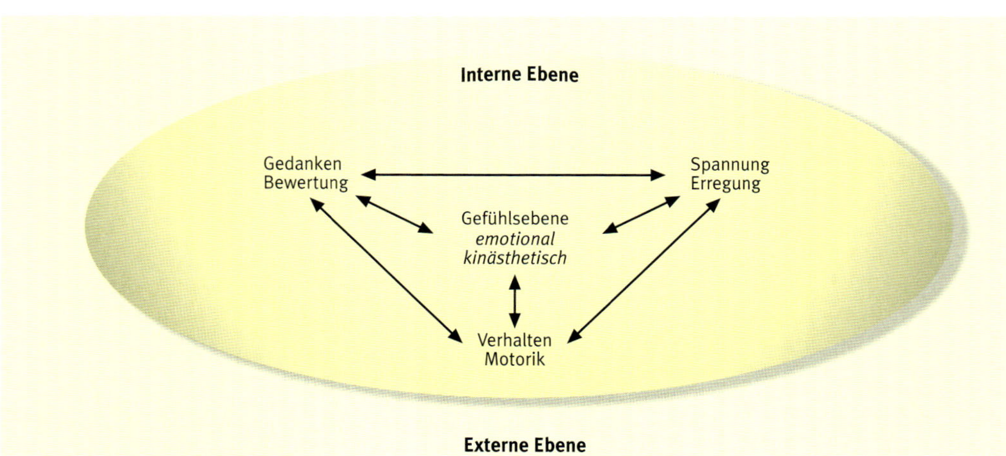

len Bereich und der Spieler verhält sich sowohl vor dem Abschlag als auch in den Pausen gelassen und kontrolliert. Der Golfer kann in diesen optimalen Zustand einsteigen, indem er in seiner Vorbereitung auf der Driving Range die motorische Ebene als Auslöser aktiviert. Er tätigt so viele Übungsschläge, bis er sein optimales Bewegungsgefühl (kinästhetische Empfindung) erreicht hat. Erst dann fühlt er sich in der Vorbereitung zur Schlagphase, in dem Moment, in dem er den Golfball auf dem ersten Abschlag aufteet, selbstsicher und freut sich darauf, den Ball in den gewünschten Zielbereich zu schlagen. Der Golfspieler visualisiert einen gelungenen Schlag, seine Gedanken werden zu handlungsunterstützenden Selbstgesprächen strukturiert. Das optimale Spannungsniveau stellt sich durch regulative Maßnahmen (Atemübungen usw.) ein. Er fühlt sich nun selbstkompetent und führt den Schlag erfolgreich aus.

Wer bei einem Turnier den optimalen Leistungszustand erreicht hat, dem bleibt lediglich ein euphorisches Gefühl in Erinnerung. Das Ziel ist, sich dieses Gefühl zu verinnerlichen und abzuspeichern, um es jederzeit abrufen und über die Dauer des gesamten Turniers stabilisieren zu können. Der hohe Stellenwert der Gefühlsebenen sollte auch in der Zusammenarbeit zwischen Golflehrer und Spieler seine Berücksichtigung finden. Der Trainer sollte daher seine Anweisungen vermehrt auf die Gefühlsebene des Sportlers orientieren: »Was hast Du bei diesem Golfschwung gefühlt?« »Kannst Du ihn nochmals wiederholen?« usw.

Recht leicht kann der Golfer allerdings auch aus dem System herausgeworfen werden, wenn er nämlich zu denken beginnt und sich beispielsweise sagt: »Ich muss diesen bestimmten guten Score erreichen.« In diesem Fall steigt die Spannung, der Spieler wird nervös und ängstlich, die Bewegungen und Handlungen werden unkoordiniert und eckig, der Gesichtsausdruck ist versteinert. Alle diese Wechselwirkungen der einzelnen Ebenen können als Interaktionsansatz bezeichnet werden.

Feedbackansatz

Eine weitere Möglichkeit, den optimalen Leistungszustand zu erreichen, ergibt sich über den Feedbackansatz. Entscheidend ist die Tatsache, dass jeder optimale Leistungszustand eines Golfers als »Erinnerung« über

4 Stabilisation des Schwunggefühls

5 Speichern des Gefühls

die Emotionen und den kinästhetischen Analysator abrufbar ist.
Der Feedbackansatz des optimalen Leistungszustandes geht nun davon aus, dass es möglich sein müsste, das optimale Gefühl (emotional und kinästhetisch) dadurch zu reaktivieren, indem sich der Sportler an den jeweiligen Bewegungsablauf möglichst exakt wieder erinnert.

Homöostasemodell

Das Homöostasemodell geht das Problem des Erreichens des optimalen Leistungszustandes von einer anderen Seite her an. Der angestrebte Zustand scheint nämlich nur dann aufzutreten, wenn die sportliche Aufgabe im Bereich der Leistungsfähigkeit des Golfers liegt. Die Handlungsanforderungen bzw. -möglichkeiten in einer bestimmten Situation müssen mit den Fähigkeiten einer Person im Gleichgewicht stehen. Dies als Homöostase bezeichnete Gleichgewicht bedeutet also einen ständigen dynamischen Ausgleichsprozess zwischen Leistungsfähigkeit und Anforderung. Dieses fließende Gleichgewicht tritt beim Golf dann auf, wenn die angestrebten Ziele oder Teilziele erreichbar und für den Spieler attraktiv sind. Daher ist der Trainer zum einen besonders gefordert, die Anforderungen des Golfers auf dessen aktuelles Fähigkeitsniveau abzustimmen (also keine unerreichbaren Ziele zu setzen) und zum anderen das Fähigkeitsniveau des Golfers auf die Anforderungen im Turnier anzupassen. Durch ständiges Variieren der Aufgaben soll Abwechslung in den Trainingsalltag gebracht werden, um den Golfer zu motivieren. Übersteigen die

Anforderungen die eigenen Fähigkeiten, wird die daraus resultierende Spannung als Angst und Sorge erlebt. Liegen die Anforderungen weit unter dem Fähigkeitsniveau, so ist Langeweile die Folge.

Autotelischer Ansatz

Wenn sich Menschen einem Erlebnis nicht wegen der damit verbundenen äußeren Belohnungen hingeben, sondern um des Zustands selbst willen, dann kann dieses Erlebnis als autotelisch bezeichnet werden. Absolute Spitzenleistungen können nur erbracht werden, wenn der Golfer Freude und Spaß am Ausüben seiner Sportart empfindet und von innen heraus motiviert ist. Im optimalen Leistungszustand bleibt keine Zeit für Langeweile oder Sorge darüber, was möglicherweise eintreffen wird oder was früher einmal eingetroffen ist. Der optimale Leistungszustand sollte darum auch im Training immer wieder erreicht werden, da die Freude am Golfspiel durch die innere Motivation eine Voraussetzung für engagiertes, freudvolles, gesundes und lang andauerndes Golfspielen darstellt.

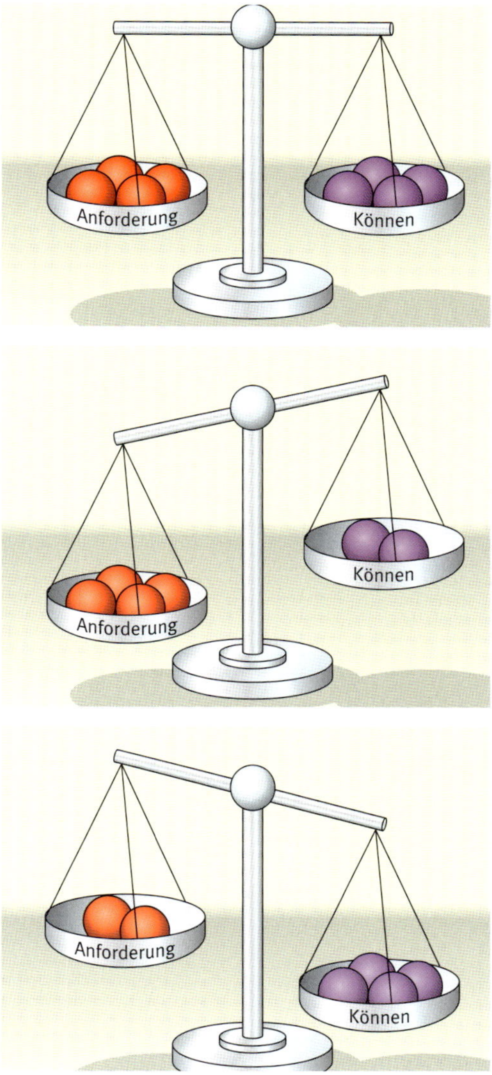

Das Homöostase-Modell

Zur Philosophie: »Neuer Schlag, neues Spiel!«

Zurück zur Philosophie »Neuer Schlag, neues Spiel!«. Um die Aufmerksamkeit und somit die Gedanken nicht zu weit in die Zukunft bzw. Vergangenheit schweifen zu lassen, sollte der Golfer jeden Schlag als eine in sich abgeschlossene Handlung bewerten. Hier ist es von besonderer Bedeutung, nicht die Gedanken und Emotionen und die damit verbundenen Verhaltensweisen in den darauf folgenden Schlag hinein zu projizieren. Diese Emotionen können nämlich das aktuelle Gesamtbefinden des Golfers beeinträchtigen und somit das Vorbereitungsritual für den optimalen Leistungszustand, der für jeden Schlag neu eingeregelt werden muss, stören. Ergebnisdenken lenkt von der

6 Optimieren des Schwungs

aktuellen Handlung ab und setzt den Golfspieler unter Druck. Er verliert somit die Freude und den Spaß, in der Tätigkeit selbst aufzugehen. Um mental jeden Schlag wie ein neues Spiel zu bewerten, gehört ein hohes Maß an Disziplin, Konzentration, Geduld, Selbstkontrolle und strategisches Vorgehen zur Philosophie des erfolgreichen Spiels. Die Kunst liegt dabei in einer strukturierten Pausengestaltung, die es ermöglichen sollte, die Emotionen zu kontrollieren, sachlich zu denken und sich innerlich frei einem meditativen Ritual hinzugeben. Das Golfspiel wird somit zu einer meditativen Technik, die von Schlag zu Schlag über autosuggestive Formeln, über runde rhythmische Bewegungen auf dem Platz, über Imitationsübungen immer wieder aufs Neue durchgeführt wird. In ihrer Gesamtheit bildet diese Technik ein harmonisches Ganzes. Die Gestaltung der Pause hat das Ziel, die Pre-Shot-Routine einzuleiten, um den Golfschlag zu optimieren und ihn zu einem Moment der Ekstase werden zu lassen. Die Pause wird quasi zur Einstimmung auf den Höhepunkt des meditativen Rituals. Der Golfschlag soll Sinnbild der Perfektion in dieser Technik sein.

Auf diesem Weg zum Moment der Ekstase ist der Golfspieler vielen Störfaktoren wie emotionalen Schwankungen, Selbstzweifeln, äußeren Beeinträchtigungen wie Wetterbedingungen, Verhalten der Mitspieler, Erwartungsdruck und weiteren inneren und äußeren Stressoren ausgesetzt, die er in den Griff bekommen muss. Der Weg dorthin kann sich als steinig erweisen. Mit dem notwendigen Handwerkszeug von mentalen Techniken erhält er die Chance, den Weg zu meistern – damit der angestrebte optimale Leistungszustand nicht zu einem Zufallsprodukt wird, sondern jederzeit selbstständig erreicht werden kann. Es handelt sich dabei um Techniken, die ihren Schwerpunkt entweder auf der Gedankenebene, auf der Spannungsebene, auf der Verhaltensebene oder auf der emotionalen Ebene haben. Die Kunst der mentalen Stärke besteht unter anderem darin, die Störfaktoren gedanklich umzubewerten und sachlich zu betrachten, das Spannungsniveau zwischen den Polen »höchste Erregung« und »Teilnahmslosigkeit« im optimalen Bereich mit Mobilisations- bzw. Entspannungstechniken zu regulieren. Über bestimmte Verhaltensweisen wie Körperhaltung und Bewegung soll der Spielrhythmus gefunden, über Erinnerungen sollen erwünschte Emotionen abgerufen werden. Viele Strategien haben sich auf Grund der Auseinandersetzung mit Störfaktoren entwickelt und sollten vom Golfer situationsspezifisch angewandt werden können. Der Schlüssel zum Erfolg liegt in diesen Techniken, die den Zugang für diesen Moment der höchstmöglichen Leistungsentfaltung ermöglichen. Die Philosophie »Neuer Schlag, neues Spiel!« wird daher zum Leitfaden des erfolgreichen Golfspielers.

7 Auf jede Situation neu einstellen

Motivation

Was bedeutet Motivation?

Motivation kommt von motus (lateinisch: Bewegung) und bedeutet so viel wie, sich von einem Punkt A zu einem Punkt B zu bewegen. Motivation ist die Energie, die wir dafür zur Verfügung haben oder zur Verfügung stellen wollen, um bestimmte Ziele zu erreichen. Damit dieser Energiestrom auch zu fließen beginnen kann, ist es ganz besonders wichtig, dass die Zielfrage geklärt ist. Die Ziele sollten daher klar, realistisch und schrittweise erreichbar sein. Sind die Ziele zu hoch gesteckt und unerreichbar, entstehen häufig Frust und Enttäuschung. Daher ist es wichtig, Teilziele abzuleiten und so »Step by Step« das übergeordnete Ziel zu erreichen. Angetrieben wird die Energie vom Motor, dem Beweggrund, dem so genannten Motiv. Dieser Motor, auch als Triebfeder des Wollens bezeichnet, wird durch ein Defizit entzündet und die daraus entstandene Energie muss nun in das Verhalten umgesetzt werden. Wenn die Veränderungsbereitschaft ausreichend mit Energie versorgt wird, kann mit der zielorientierten Verhaltensänderung bzw. -umsetzung begonnen werden. Verhalten meint dabei Techniktraining sowie die Änderungen der Verhaltensweisen auf dem Golfplatz, um das Ziel auch wirklich realisieren zu können. Alle Maßnahmen und Verhaltensweisen auf dem Weg zum Ziel sollen auch Freude und Spaß am Tun auslösen. Genießen Sie jeden

8 Motivierende Anreizbedingungen

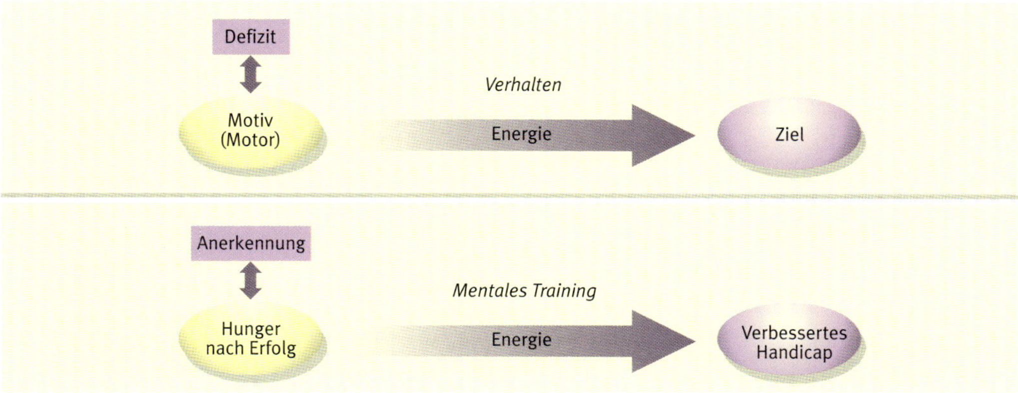

Energiestrom der Motivation

Augenblick des Handelns und holen Sie sich Ihre Verstärker schon auf dem Weg zum Ziel.
Bereits beim Erreichen kleiner Teilziele sollen selbstverbalisierende Verstärker wie Lob und positives Zureden angewandt werden, um diese »Etappensiege« abzusichern. Gerät man auf Grund unvorhersehbarer Ereignisse aus dem Konzept, ist es von größter Bedeutung, sich über diese positiven Selbstverbalisationen auf den richtigen Weg zurückzubegeben und die Energie erneut zum Fließen zu bringen. Gelingt dies, sollte man sich loben, um das Resultat abzusichern. Misslingt es, soll eine positive verbale Unterstützung den Golfer wieder auf den richtigen Kurs zurückbringen.
Überwundene Schwierigkeiten auf dem Weg zum Ziel wie Verletzungen, Krankheit, Rückschläge etc. fördern den Energiestrom, da das Gefühl der Konfrontation mit Herausforderungen einerseits das Selbstwertgefühl erhöht und andererseits den lerngeschichtlichen Erfahrungs- und Entwicklungsaspekt um wertvolle Strategien zur Überwindung von Störfaktoren erweitert.
Daher kann nur die Strategie verfolgt werden, Probleme und Herausforderungen nicht zu vermeiden bzw. aufzugeben, sondern anzunehmen.
Die Motivation ist abhängig von der Persönlichkeit, von den Anreizbedingungen, von der Attraktivität des Ziels bzw. der Aufgabenlösung und von der Erfolgserwartung. Die Persönlichkeitsstruktur – etwa mit dem inneren Drang Leistung zu erbringen – ist teilweise angeboren. Diese Leistungsorientierung eines Menschen kann sehr stark oder sehr schwach ausgeprägt sein. Ist sie schwach ausgeprägt, wird es für den Golfer wichtig sein, über verschiedenste Anreize seine Energie zu finden. Zum Beispiel durch abwechslungsreiches Training oder attraktive, in ansprechender Natur eingebettete Golfplätze. Die Erfolgserwartung sollte in jedem Fall hoch sein. Daher ist es umso wichtiger, dass der Golfer sich mit klaren und kleinen realistischen Zielen auseinander setzt und nicht in grenzenlosen Träumen schwelgt. Die Erfolgserwartung wiederum ist abhängig von der Ausgewogenheit der eigenen Fähigkeiten im Verhältnis zu den

gestellten Anforderungen und Aufgaben. Werden Anfänger ständig mit schwierigen Golfplätzen überfordert, sinkt die Motivation der Spieler.
Andererseits werden Persönlichkeitsstrukturen und auch Motive durch Erfahrungen im Laufe der Lebensgeschichte erlernt bzw. übernommen. Nicht nur die individuelle Entwicklung spielt dafür eine wichtige Rolle, sondern auch die Situation der Gesellschaft. So gibt es nicht nur Gesellschaften, die im Gegensatz zu unserer westlichen Welt z. B. in der Leistungsorientierung keinen Wert bzw. Beweggrund sehen, sondern man muss auch die Veränderung der Motive unserer Gesellschaft in den letzten Jahren wahrnehmen. Die Motiventwicklung zu »Keep cool, have fun« ist unübersehbar.
Vom Motiv über das Verhalten zum Ziel: Wenn das Motiv der Beweggrund Hunger ist, ist das Ziel die Sättigung, das Verhalten ist Essen. Über das Verhalten wird das Ziel realisiert. Wenn das Motiv Streben nach Anerkennung ist, dann ist das Verhalten Techniktraining, körperliches Training und mentales Training, um das Ziel, Anerkennung durch ein gutes Handicap, zu erreichen.

Voraussetzungen zur Energiegewinnung

Um überhaupt den inneren Antrieb zu aktivieren, sollte man sich ein übergeordnetes Ziel vor Augen führen. Dieses Ziel sollte ein gedankliches Vorwegnehmen zukünftiger Wünsche und Erwartungen beinhalten. Wir denken bewusst nach vorne und trennen, versetzen uns sozusagen in die Zukunft und nehmen uns die Zeit, um Träumen und Visionen einen Raum zu geben. Energie wird somit zum Fließen gebracht. Für die Handlung selbst sollte das Umschalten der Gedanken vom Ergebnis (Zukunft) auf den Prozess (Gegenwart) auf das Hier und Jetzt wieder funktionieren, um in den optimalen Leistungszustand zu gelangen.
Zur gedanklichen Unterstützung bei der Verwirklichung eines Ziels können Sie sich vorstellen, wie es sein wird, wenn Sie es erreicht haben.
Wenn es Ihr Ziel ist, ein für Sie schwieriges Loch Par zu spielen, sollten Sie sich gedanklich damit auseinander setzen, wie Sie den letzten entscheidenden Ball zum Par einlochen. Visualisieren Sie diesen Moment, sehen Sie sich selbst in Ihrer Vorstellung! Sie sollten sich dann damit befassen, wie Ihr Gefühl ist, nachdem Sie dieses Ziel erreicht haben: Ihre Freude, die innerlich hochkommt, nachdem der Ball im Loch verschwunden ist, Ihre Erleichterung nach der Anspannung. Stellen Sie sich vor, wie Sie agieren werden, mit der Gewissheit, jedes Loch Par spielen zu können; wie Sie sich von Schlag zu Schlag bewegen, selbstsicher und kontrolliert. Erst wenn Sie daran glauben und davon überzeugt sind, das Loch Par spielen zu können, erhalten Sie die Energie, die Sie zum Ziel bringt!
Wenn Sie beispielsweise ein Haus planen, sollen Sie bereits gedanklich darin leben und sich vorstellen, wie es sein wird, wenn das Ziel realisiert ist. Wenn Sie an Gewicht abnehmen möchten, sollen Sie sich vorstellen, wie Sie aussehen werden und was sich in Ihrer Umgebung verändert haben wird, wenn Sie Ihr Traumgewicht erreicht haben. Erst wenn Sie sich dieses Ziel lebhaft vorstellen können, sind Sie auch innerlich bereit, Ihre mentale und zur Verwirklichung des Ziels erforderliche Einstellung zu verändern.

Tipps

1 Überlegen Sie sich fünf Gründe, warum Sie den Golfsport so lieben und attraktiv finden. Notieren Sie diese Gründe auf einem Blatt Papier. Im Anschluss daran schließen Sie Ihre Augen und versuchen, sich jeden dieser fünf Bereiche zu verinnerlichen, indem Sie das entsprechende positive Gefühl bewusst wahrnehmen. Die dabei frei werdende Energie (Freude, Motivation) kann Sie zu Ihrem Ziel bringen.

2 Stellen Sie sich täglich vor, wie Sie sich beim Training oder Turnier auf dem Golfplatz bewegen, verhalten und wie Sie Ihre Bälle schlagen wollen. Wenn es Ihnen gelingt, sich die Ziele, die Sie bereits beim kommenden Training umsetzen wollen, so lebhaft vorzustellen, dass in Ihnen ein angenehmes Gefühl entsteht und Sie zudem noch Ihre angestrebten Verhaltensweisen umsetzen können, dann wird sich Ihre Einstellung zu Ihren Gunsten für Ihr Golfspiel verändern.

3 Sie haben persönliche Stärken, aber allzu oft denken Sie nicht an sie und vergessen Sie diese. Deshalb sollten Sie sich Ihre eigenen Pluspunkte auf kleinen Zetteln notieren. In allen Situationen, in denen Sie sich als Golfer unmotiviert fühlen, sollten Sie sich einen Zettel aus dieser Sammlung herausnehmen und sich mit den ausgeführten Notizen an diese Stärken erinnern. Sie lesen etwas, was Sie ohnehin schon wissen und erzielen dadurch einen doppelten Effekt.

Gewinnen Sie Energie!

FALLBEISPIEL

Wenn Sie am Tag eines Turniers aus dem Fenster blicken und feststellen müssen, dass die Wetterbedingungen regnerisch und windig sind, Sie sich an den schwierigen Golfplatz erinnern und an die negativen Erfahrungen, die Sie gerade auf diesem Platz schon gemacht haben, dann spüren Sie ein Gefühl der Angst. Angst, zu versagen. Sie sind überzeugt, dass heute nicht Ihr Tag ist. Am liebsten würden Sie sich dann verkriechen und diese Herausforderung vermeiden.

Erfahrungen aus unserer Lebensgeschichte bestimmen spätere Grundhaltungen und Gefühle. Diese Einstellungen führen häufig in kritischen Situationen zu Denkgewohnheiten und automatisierten Grübelkreisläufen. Hier stellt sich die Frage, wie und unter welchen Umständen es möglich ist, diese automatisierten Muster durch neue Erfahrungen zu überschreiben bzw. wie ein einmal entwickeltes Gefühl verändert und durch ein neues überlagert werden kann. In diesem Zusammenhang kam der Neurobiologe Gerald Hüther zu der Erkenntnis, dass das Gehirn auch im Erwachsenenalter noch in hohem Maß strukturell formbar ist. Zwar können sich Nervenzellen nach der Geburt nicht mehr teilen (bis auf wenige Ausnahmen), sie sind jedoch zeitlebens in der Lage, ihre komplexen Verschaltungen an neue Nutzungsbedingungen anzupassen.

Daher können wir, wenn wir innerlich dazu bereit sind, unangemessene Verhaltensmuster verlernen und uns angemessene Verhaltensweisen und Einstellungen aneignen.

9 Mein Tag

Rufen Sie die optimale Tagesverfassung einfach ab

Eine schlechte Tagesverfassung ist keine rechtfertigende Aussage für ein misslungenes Golfturnier oder eine misslungene Trainingseinheit. Sie können sich jederzeit in Ihren optimalen Leistungszustand versetzen, auch wenn sich das Erreichen dieses Zustandes an einigen Tagen als schwieriger erweist und mühsamer ist als an anderen. Aber: Sie sind selbst für Ihre eigene Tagesverfassung verantwortlich! Es ist dann an der Zeit, mit geeigneten Maßnahmen diese negative Gedankenspirale zu durchbrechen und über aktive Verhaltensweisen Ihre Befindlichkeit zu erhöhen.

Zuerst müssen Sie Ihre negative Gedankenspirale erkennen. Der beginnende Selbstbemitleidungsprozess, der Ihre Stimmung immer weiter nach unten schraubt, nimmt negative Ergebnisse und Bilder bereits vorweg und ruft Gefühle der Schwäche und der Unsicherheit hervor. Diese selbsterfüllende Prophezeiung muss mit einem deutlichen STOPP-Signal unterbrochen werden. Diese Technik wird als Gedankenstopp bezeichnet. Negative Denkgewohnheiten und Impulse, die sich von Gehirnzelle zu

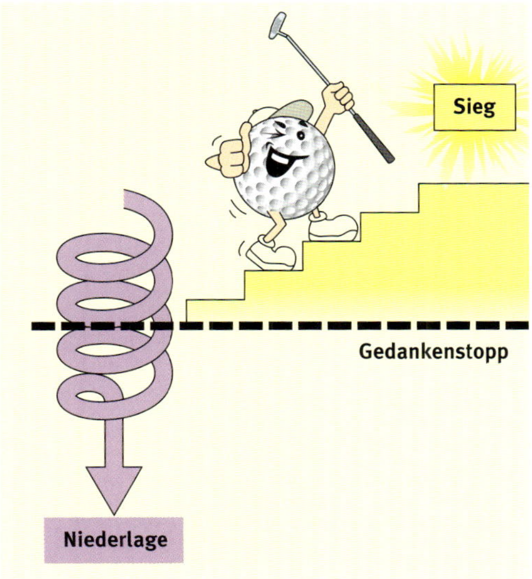

Gedankenstopp

10 Entwicklung eines neuen Verhaltensmusters

Gehirnzelle fressen, müssen kurzfristig unterbunden werden, bevor sie sich auf Ihr Gesamtbefinden erstrecken und den gesamten Tag ruinieren. Die kurze Unterbrechung dieser negativen Denkmuster muss nun genutzt werden, um eine neue Gehirnbahn über ganz konkrete angemessene Aktivitäten zu entwickeln. Alternative Verhaltensprogramme sollen helfen, nicht wieder in das alte belastende Muster zu verfallen.

Es soll sich um einen Weg weg vom Automatismus der negativen Denkgewohnheiten hin zum Automatismus aktivierender, motivierender, Energie bringender Verhaltensweisen handeln. Diese Notfallprogramme müssen bereits im Vorfeld in stressfreien Situationen sicher eingesetzt werden können, um sie dann an Tagen der »schlechteren Befindlichkeit«, an denen Ihr angestrebtes emotionales Basisniveau zu niedrig ist, effizient anwenden zu können. Wenn Sie sich unter Stress befinden, neigen Sie dazu, gewohnte Verhaltensweisen oder Stereotypen durchzuführen, ob diese nun der Situation angemessen sind oder nicht. Das heißt: Verhaltensweisen, die kaum trainiert wurden, sind in kritischen Situationen nicht abrufbar.
Hier bietet sich der Vergleich mit einem Golfer an, der an der Änderung seines Schwunges arbeitet und diesen bereits im Training optimal durchführen kann. Im Turnier hingegen wird er die neue, noch nicht automatisierte Technik nicht abrufen können, wenn er beginnt, sich über seine Leistung zu ärgern. Auf Grund unflexibler Denkweisen hat er sie einfach »vergessen«. Bildhaft gesprochen: In unserem Gehirn beeinflusst ein »Golf-Riese«, der für die über

Altes Verhalten

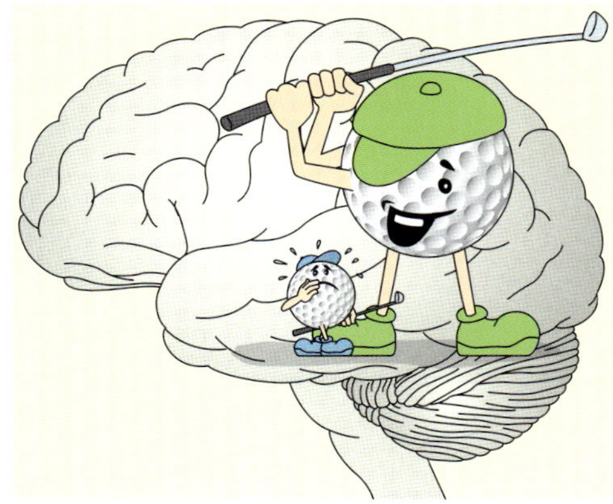

Neues Verhalten

Jahre hinweg falsch eingeschliffenen Muster steht, unsere Verhaltensweisen so lange, bis wir aus einem »Golf-Zwerg«, der hier neue, bessere Vorgangsweisen symbolisieren soll, ebenfalls durch Training einen stabilen, selbstbewussten »Golf-Riesen« gemacht haben. Proportional, wie der eine wächst und sich golferisch und selbstkompetent entwickelt, schrumpft der andere.

Notfallprogramme

Diese Verhaltensprogramme haben den Zweck, über bestimmte Handlungen, wie rhythmisches Bewegen, Lächeln, Aktivierungsübungen sowie Atemübungen, positive Vorsätze und Bilder die Befindlichkeit zu beeinflussen.
Sie wissen jetzt, dass sich bei Müdigkeit, Energielosigkeit und negativen Denkweisen Ihre Einstellung und damit auch Ihre Verhaltensweisen zur Umgebung verändern. Verhalten Sie sich in solchen Situationen schlaff und passiv, dann glauben Sie keine Energie für jegliche Aktivität zu besitzen. Falls dann doch ein Ansporn zur Aktion kommt, von innen oder von außen, Sie sich an die frische Luft begeben und zu einem lockeren Dauerlauf aufbrechen, verändert sich Ihr Befinden zum Besseren. Sie kennen das selbstverstärkende Gefühl, wenn es Ihnen gelungen ist Ihre Befindlichkeit nach oben zu schrauben. Sie haben etwas Großartiges geschafft.
Ebenso sollten Sie positive Argumente für das Golfspiel sammeln, um sich bewusst zu werden, was die fundamentalen Eigenschaften dieser Handlung ausmachen. Die Auseinandersetzung mit den positiven Elementen wie Freude und Spaß am Golfspielen entfacht Energie, die Sie antreibt, Ihre Tätigkeit auch in Phasen schlechter Tagesverfassung auszuüben und einen Stimmungsumschwung einzuleiten. Entwickeln Sie aus positiven Argumenten für das Golfen auch motivierende Vorsätze wie beispielsweise »Das Bewegen auf dem Golfplatz spielerisch genießen« usw.

Zusammenfassend soll festgehalten werden, dass es eine ganze Reihe von Maßnahmen für die Psychohygiene gibt, die den Körper reinigen und aktivieren und somit den

Tipps

Formelhafte Vorsatzbildungen sollten in drei Schritten ablaufen:

1 Zielbildung

Hier sollte erarbeitet werden, welches Ziel Sie erreichen möchten, warum gerade dieses Ziel für Ihre golferische Entwicklung ausschlaggebend ist. Das Ziel sollte hinterfragt werden. Genießt es vorrangigen Stellenwert? Ist es realistisch? Ist es umsetzbar?

2 Die Bildung einer autosuggestiven Formel

Dazu sollte eine Formulierung gewählt werden, die das Ziel metaphorisch beinhaltet und entpersonifiziert wiedergibt. Die Sache hat im Vordergrund zu stehen. Die kurze Formulierung kann sich auch reimen, damit sie besser gemerkt wird bzw. den Humor besser anspricht und beim Vorsprechen leichter dem Rhythmus unterliegt. Sie soll in der Gegenwartsform formuliert werden, eine Sprachmelodie und gleichzeitig ein innerliches Lächeln entwickeln. Ziel ist es, dass sie zu einem Ohrwurm wird, weil sie wiederholenden Charakter hat. Deswegen könnte am Ende der Formulierung stehen: »Tag für Tag«. Ein Beispiel könnte sein: Ist der Geist hell und klar, nimmt man Dinge besser wahr – Tag für Tag, Schlag für Schlag.

3 Anwendung und Umsetzung

Die Anwendung der Formel sollte in ein Verhaltensritual – in gewohnte alltägliche Handlungen – integriert werden. Es kann beispielsweise mit dem täglichen Zähneputzen, dem Aufstehen oder vor dem Schlafengehen gekoppelt werden.

Bewegungsapparat und das Kreislaufsystem stimulieren. Diese Übungen können aber auch einen wertvollen psychosozialen Beitrag leisten und helfen, den Mitmenschen frisch und frei von belastenden Gedanken gegenübertreten zu können. Es eignen sich alle Arten von fernöstlichen Techniken wie Qi Gong oder Tai Chi, aber auch Aktivitäten wie Radfahren und Joggen. Besondere Bedeutung kommt natürlich einer täglichen Wiederholung zu. Die Verhaltensweisen sollten sich zu Ritualen entwickeln, damit eine harmonische Balance und innere Zufriedenheit entwickelt werden kann.

Das Notfallprogramm

KONKRETE ANWENDUNG

Sie merken, dass Sie sich energielos und in einem gedanklichen und emotionalen Selbstbemitleidungsprozess befinden. Ballen Sie Ihre Hand mit maximaler Intensität zwei bis drei Sekunden zu einer Faust zusammen und sagen Sie sich innerlich laut: STOPP. Sie können sich auch einen Blitz vorstellen, der Ihre negative Gedankenspirale durchdringt. Anschließend öffnen Sie spontan die Faust, entspannen sie und nehmen das Gefühl in Ihrem Unterarm und Ihrer Hand wahr. Nutzen Sie die kurze Unterbrechung Ihrer negativen Gedankenspirale und schalten Sie Ihr persönliches Notfallprogramm ein, das durchaus auf einen Spickzettel geschrieben werden kann. Schreiben Sie Ihre individuellen Übungen auf einen Zettel.

So könnte Ihr Notfallprogramm aussehen:

Aktivierungsübungen. Klopfen Sie mit maximaler Frequenz rund fünf Sekunden lang abwechselnd rechts und links auf Ihr Gesäß. Im Anschluss daran treten Sie auf der Stelle und steigern die Frequenz bis zur maximalen Geschwindigkeit (Skippings). Kombinieren Sie diese beiden Übungen. Anschließend blicken Sie im Badezimmer in den Spiegel und beginnen mit dem Lachtraining (siehe Seite 90 f.): Mundwinkel fest nach oben ziehen, ein lachendes Gesicht mimen, mindestens 30 Sekunden lang halten.

Selbstverbalisationen. Nach drei entspannten Atemzügen gehen Sie zur Selbstverbalisierung über:

Checkliste

Befinden Sie sich bereits am Anfang eines Grübelkreislaufes?

Hat bei Ihnen der Bemitleidungsprozess bereits begonnen?

Erkennen Sie, welches Verhalten die negative Gedankenspirale derzeit unterstützt?

Mit welchem Verhalten und welchen Gedanken können Sie Ihre Situation verändern?

Mit welchen neuen Vorgehensweisen verändern Sie Ihre Situation und kommen von einer negativen in eine positive Tagesverfassung?

Sprechen Sie sich einen positiv formulierten Satz 15-mal vor, wie: »Das Golfspiel spielerisch genießen, vom ersten bis zum letzten Schlag« oder: »Locker und frei auf dem Golfplatz bewegen, Schlag für Schlag«. Sprechen Sie laut und deutlich in den Spiegel. Koppeln Sie diese Selbstgespräche mit Erinnerungen an ein bestimmtes Bild von einem schönen Golferlebnis, an eine schöne Situation auf dem Golfplatz.
Diese aktiven Verhaltensmaßnahmen zur Verbesserung und Veränderung der Befindlichkeit bei negativ beeinträchtigter Tagesverfassung können natürlich auch direkt auf dem Golfplatz in einer Kurzform jederzeit eingesetzt werden. Kippt plötzlich die positive Stimmung auf Grund eines unerwarteten Ereignisses, kann bereits über drei Atemzüge, gekoppelt mit einer positiven Selbstverbalisation, die Laune kurzfristig wieder gehoben und verbessert werden. Daher sollten Sie ein langfristiges Notfallprogramm zur Veränderung der Grundstimmung, aber auch ein kurzfristiges eingeübt haben, um bereits in wenigen Sekunden Ihren optimalen Leistungszustand wiederherstellen zu können.

11 Über Bewegungen in Stimmung bringen

Verändern Sie Ihre Gewohnheiten

FALLBEISPIEL

Sie ärgern sich über Ihre unangemessenen Verhaltensweisen auf dem Golfplatz und müssen feststellen, dass Sie unter Stresssituationen immer in die alten Muster zurückfallen und sich nicht mehr von diesen lösen können. So beginnen Sie sich selbst und andere zu beschimpfen und können sich nicht mehr beruhigen. Der Turniertag ist gelaufen. Sie sind gefangen im »Kindheits-Ich« und verhalten sich auch wie ein enttäuschtes, grüblerisches Kind.

Exkurs: Das Gedächtnis

Denken Sie zuweilen an die Aktion eines Könners, wenn Sie dabei sind, Ihren Schlag auszuführen? Glauben Sie, sich an Details erinnern zu können, wie ein Bernhard Langer oder Greg Norman den Schlag aus dem Bunker oder den Putt aus Halbdistanz ausgeführt hat? Vielleicht haben Sie Bilder im Fernsehen gesehen oder waren als Zuschauer dabei: Aber diese Erfolg bringenden Verhaltensweisen der Vorbilder haben Sie in Wirklichkeit schon lange vergessen,

12 Die Strategie durchspielen

wenn Sie diese Aktionen nicht immer und immer wieder am Videorekorder studieren. Sie glauben dann etwas zu kennen oder nachmachen zu können, was Sie viel zu kurz und nur oberflächlich wahrgenommen haben und eigentlich nicht wirklich realisieren können.

Der Gedächtnisbildung liegen komplizierte und bis heute noch nicht definitiv geklärte neurophysiologische Vorgänge zu Grunde. Lernen kann demnach als Konditionierungsprozess bezeichnet werden. Zur Erklärung von Gedächtnisprozessen wird angenommen, dass Erlebnisse über die Gegenwart hinaus Spuren hinterlassen. Diese werden als dynamische, in einer kurzgeschlossenen Schleife (Kurzzeitspeicher), oder als statische Spuren (Langzeitspeicher) aufgefasst.

Wir unterscheiden zwischen dem Sofortgedächtnis, Kurzzeitgedächtnis und Langzeitgedächtnis.

Sofortgedächtnis – der Aufnahmespeicher
Je nach sensorischer Information und Intensität (visuell, akustisch, taktil u.a.) handelt es sich um ein äußerst kurzzeitiges Gedächtnis mit einer Speicherspanne von 1 bis 10 Sekunden. Es besitzt eine große Aufnahmekapazität, bildet einen zeitlich begrenzten Speicher, der es dem Individuum ermöglicht, aus der großen Zahl der bewusst bzw. unbewusst einlaufenden Informationen je nach den spezifischen Erfordernissen aus diesem Reservoire auszuwählen. Gefühlsintensive Ereignisse verstärken den Verarbeitungsprozess und gelangen über das Kurzzeitgedächtnis in das Langzeitge-

dächtnis, wo sie tiefe Spuren hinterlassen können.
Als Golfspieler müssen Sie bei gegebener Spielsituation aus der Vielzahl der auf Sie einströmenden Informationen die wenigen wichtigen Wahrnehmungen herausfiltern und die spielentscheidenden Sinneseindrücke jeweils für einige Sekunden registrieren, um sie danach sofort wieder zu vergessen. Für die nachfolgenden, ebenfalls Aufmerksamkeit erfordernden Wahrnehmungen müssen Aufnahmekapazitäten frei sein. Würden die Informationen ins Langzeitgedächtnis übernommen, wäre zum einen die fortlaufende Reizaufnahme gestört – was ein optimales Verhalten im Spiel unmöglich machen würde – zum anderen das Langzeitgedächtnis mit größtenteils nutzlosen Informationen überladen.

13 Fokussierter Golfer in der Vorbereitung

Der Weg vom Kurzzeit- zum Langzeitgedächtnis

Um Sinneseindrücke über einen längeren Zeitraum behalten zu können, ist es erforderlich, sie in das Kurzzeitgedächtnis zu übertragen. Das Kurzzeitgedächtnis hat auch die Funktion eines Arbeitsgedächtnisses. Informationen können so lange bereit und abrufbar gehalten werden, wie sie für eine kurze bestimmte Handlung notwendig sind und können anschließend wieder verworfen werden. Die Verweildauer von Informationen im Kurzzeitgedächtnis wird auf etwa 15 bis 30 Sekunden festgesetzt. Die Aufnahmekapazität ist im Vergleich zum Sofortgedächtnis sehr begrenzt.
Das Kurzzeitgedächtnis ist durch seine nur zeitlich limitierte Speicherfähigkeit und sein begrenztes Aufnahmevermögen charakterisiert. Es stellt einen Auswahlfilter beim Übergang vom Sofortgedächtnis zum Langzeitgedächtnis dar, hat aber auch die Funktion, aus dem Langzeitgedächtnis Erfahrungen hervorzuholen und zu vergegenwärtigen. Wünschenswerte Bilder und Erinnerungen, wie das Gefühl des optimalen Leistungszustandes bei vergangenen Turnieren, können dadurch auch optimal genutzt werden.
Informationen, die in das Langzeitgedächtnis gelangen, bilden statische Spuren und bleiben dort nahezu unbegrenzt erhalten. Je tiefer die Spuren, desto weniger Energie wird benötigt, um ein gewohntes Verhalten durchzuführen. Um tiefe Spuren zu ändern

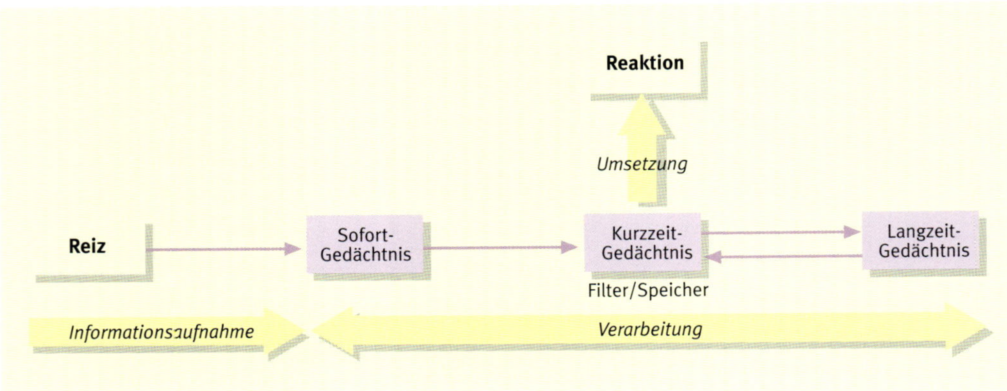

Aufnahmespeicher Gedächtnis

und neue Bahnen anzulegen, ist ein hohes Maß an Energie notwendig. Diese Energie benötigen auch Sie als Golfer, um einen Schlag der Profis zu erlernen: durch andauerndes Training, durch ständige Videoanalyse und durch das Einprägen jeden Segments der Bewegung.

Expedition in die Kindheit

Die Bewertung einer Situation wird stark von unserem Regulationsmechanismus geprägt. Darunter versteht man Gefühle, Erinnerungen und Verhaltensweisen, die sich durch Erziehung sowie Erfahrung der Lern- und Lebensgeschichte entwickelt und manifestiert haben. Das Gehirn hält alle Ereignisse unseres Lebens fest, wobei die entscheidendsten in der Kindheit liegen. Sie sind im Langzeitgedächtnis abgespeichert und bleiben fast unbegrenzt erhalten.
Um eingeschliffene Gedächtnisbahnen zu verändern bzw. neue Bahnen anzulegen, wird eine Auseinandersetzung mit den in der Kindheit entstandenen Mustern empfohlen. Diese aufgezeichneten Erlebnisse und die mit ihnen verbundenen Gefühle können jederzeit in einer bestimmten Situation aktiviert werden und tauchen genauso lebendig auf, wie sie ursprünglich einmal waren.
Es sind Reaktionen des Kindes auf das, was seine Eltern sagten und taten. Es entsteht eine lückenlose Aufzeichnung der inneren Ereignisse, die in Reaktion auf die äußeren Ereignisse der ersten Lebensjahre stattfindet. Die nachhaltigsten Ereignisse sind Gefühle. Häufig werden diese Gefühle in der Gegenwart abgerufen, wenn wir in eine ähnliche Situation wie in der Kindheit gelangen, wenn wir in die Enge getrieben werden oder ungerechten Beschuldigungen bzw. zu hohen Anforderungen ausgesetzt sind.
Zu unseren Erfahrungen aus der Kindheit gehören unsere Triebe und Instinkte sowie die Neugier und die Intuition. Sie umfassen die Freude und die Traurigkeit. Somit bilden die Erlebnisse der ersten Lebensjahre einen großen wertvollen Teil unserer Persönlichkeit, wenn ihr genügend Freiraum zugestanden wird, um ihre Erfindungskraft, Kreativität und Spontaneität zu entfalten,

wenn wir in der Lage sind, in entscheidenden Situationen auf das spielerische Kind umzuschalten, um loszulassen und die Situation spannend und reizvoll genießen können. Es kann uns helfen, in den Zustand des Seins zu gelangen. Andererseits können Kindheitserinnerungen aber auch einen sehr problematischen Bereich unserer Persönlichkeit darstellen, wenn in ihnen ängstliche, gehemmte oder egozentrische Elemente die Oberhand haben.
Zur Entfaltung der Persönlichkeit gehört die Ausgewogenheit zwischen Neuheit und Sicherheit. Diese Balance ergibt die sinnvolle Lebensentwicklung, die zur optimalen Leistungsentfaltung führt.
Der Sicherheit zu viel Bedeutung zuzumessen, alle Energie für die Aufrechterhaltung der Sicherheit aufzuwenden, nur für schlechte Zeiten zu sparen und jeglichem Wagnis aus dem Weg zu gehen bedeutet zwar, dass wir zwar sicher sind, aber meist auch isoliert und eigentlich nicht lebendig. Auf der anderen Seite ist auch ein *Zuviel* an Veränderungsbereitschaft und Neuheit der optimalen Entwicklung einer Persönlichkeit

Die optimale Leistungsentfaltung

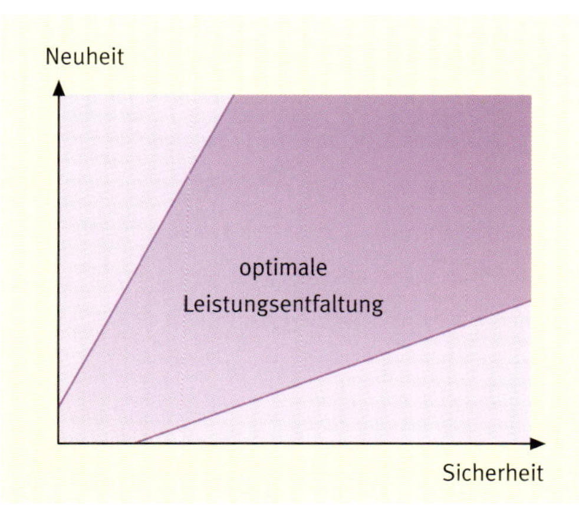

nicht zuträglich, außer Sie spielen gerne »Russisches Roulett.« Sehnsüchte, die wir das ganze Leben lang behalten, sind Sicherheit, Neuheit *und den Sinn des Lebens zu erfahren*.

Lösungs- und zielorientierte Verfahren

Wenn Sie sich über Ihr eigenes Verhalten ärgern und es Ihnen nicht gelingt, Ihre Einstellung bzw. Ihr Verhalten zu ändern, sollten Sie sich die Zeit nehmen, Ihr Problem und Ihre Befindlichkeit entweder auf einem Blatt Papier niederzuschreiben oder sich alle negativen Gedanken, Gefühle und Verhaltensweisen vorzusprechen. Nach der negativen Darstellung Ihres Problems, das genau genommen schon über einen langen Zeitraum in einer gleichen oder ähnlichen Form immer wieder an die Oberfläche tritt, sollten Sie sich die Frage stellen, was denn anders wäre, wenn Sie Ihr Problem nicht hätten. Erst wenn Sie diese Frage beantworten können, entfacht in Ihnen die Energie, diesen verbesserten Zustand erreichen zu wollen und Sie können beginnen, Ihre hoffentlich realistischen Ziele Schritt für Schritt umzusetzen.
Lösungsorientierte Kurztherapien setzen bei den Zielen an und haben häufig imaginativ-märchenhaften Charakter. So könnte zum Beispiel einem Golfer, der unter der belastenden aktuellen Situation »Kontrollverlust in kritischen Situationen« leidet, die Frage gestellt werden: Stellen Sie sich vor, Sie gehen abends ins Bett und während Sie tief schlafen, kommt ein Zauberer, der Ihnen Ihr Problem wegzaubert.
Sie schlafen weiter, und am nächsten Morgen wachen Sie auf und haben Ihr Problem

14 Vorwegnahme von Glücksgefühlen

nicht mehr. Es ist einfach verschwunden. Was wäre dann in Ihrem Leben als Golfer anders? Wer würde in Ihrem Umfeld noch merken, dass Sie plötzlich Ihr Problem nicht mehr haben? Und was würden diese Menschen genau merken? Wenn Sie dann Ihren Fantasieprozess angeregt haben und Sie sich Ihren optimalen Leistungszustand und die damit verbundenen Gefühle, Gedanken und Verhaltensweisen sehr genau vorstellen können, dann setzen Sie die Energie frei, die Ihnen Kraft gibt, diesen erwünschten Soll-Zustand Schritt für Schritt umzusetzen.

KONKRETE ANWENDUNG

- Sie schimpfen nach einem verschlagenen Ball. Damit bringen Sie erstens sich selbst und zweitens auch die Mitspieler immer mehr aus dem Konzept, werden von der Turnierleitung ermahnt, ruinieren sich den Tag, leiden unter Ihren Emotionsausbrüchen und sind nicht im Stande, Ihre negatives Verhaltensmuster zu ändern. Ihre Wunderfrage lautet: »Was wäre denn anders, wenn ich in dieser Situation ruhig und gelassen bleiben könnte?«
- Sie sollten nun Ihr erwünschtes optimales Verhalten in diesen Situationen hinter-

Checkliste

Sind Sie im Vorfeld einer Golfrunde kritische Situationen durchgegangen und haben dabei Ihr gewünschtes Sollverhalten mental durchgespielt?

Achten Sie auf den ruhigen Atemfluss, auf entspannte Nacken-, Schulter- und Gesichtsmuskulatur und auf kontrollierte, verlangsamte Bewegungen in kritischen Situationen?

Unterstützen Sie Ihre Maßnahmen mit Selbstgesprächen und mit positiv formulierten Vorsätzen?

Haben Sie diese Maßnahmen in der Vorstellung verinnerlicht und durchgecheckt?

Freuen Sie sich auf die Umsetzung in der realen Situation? Oder werfen Störfaktoren wie Zeitdruck Sie aus Ihrem Verhaltensritual?

fragen – wie möchten Sie sich nach einem schlechten Schlag verhalten? Eine Antwort ist das folgende Beispiel: ruhiger Atemfluss, aufrechtes kontrolliertes Gehen, positive Selbstgespräche.

- Sie erarbeiten nun ein ideales Modell für Ihre konkrete Problemsituation unter Einbeziehung der Verhaltensweisen von Vorbildern: Wie würde sich z. B. in dieser Situation ein erfahrener, erfolgreicher Turnierspieler verhalten und was würde dieser anders machen? Unterstützen Sie Ihre Überlegungen mit Videoaufzeichnungen und vergleichen Sie Ihre unerwünschten Verhaltensweisen mit jenen des idealen Modells.
- Das Vorstellungstraining: Visualisieren Sie eine konkrete Problemsituation, beispielsweise einen verschlagenen Ball. Stellen Sie sich nun Ihr gewünschtes Verhalten in dieser Situation vor. So sollten Sie sich mit entspannten Gesichtszügen ruhig und langsam bewegen und einen formelhaften Vorsatz vorsprechen: »Ruhe und Gelassenheit in jeder Situation«.
- Setzen Sie das gewünschte Verhalten in der realen Problemsituation mit schrittweiser Steigerung vom Trainingsflight bis zum Turnier um. Überprüfen Sie Ihre veränderten Verhaltensweisen mit begleitenden Notizen oder auf der mentalen Scorekarte.

15 Mentale Auseinandersetzung mit Problemsituationen

Paradoxe Interventionen

FALLBEISPIEL

Sie neigen dazu, nach einem misslungenen Schlag ausgesprochen emotional und aggressiv zu reagieren. Wutentbrannt schleudern Sie Ihren Golfschläger auf den Boden schimpfen lautstark mit sich selbst und schaffen dabei für die Mitspieler Ihres Flights eine spannungsgeladene Atmosphäre. Damit bringen Sie nicht nur sich selbst, sondern auch andere aus ihrem Rhythmus.

Paradoxe Intervention wird dann angewandt, wenn ein unangenehmes bzw. belastendes Verhalten einfach nicht verändert werden kann, beispielsweise wenn Sie zwar immer wieder vorgeben, sich beherrschen zu wollen, es aber einfach nicht schaffen. Von außen bekommen Sie sinngemäß zu hören, was für ein Flegel Sie seien, wie sehr Sie sich danebenbenähmen, wie sehr Sie anderen auf den Wecker gingen. Trotz aller negativen Resonanz gelingt es Ihnen nicht, Ihr Verhalten zu verändern. Die Gründe dafür liegen tiefer.

Sie haben dort ihre Wurzeln, wo Sie tief im Inneren, im Unterbewusstsein, mehr positive Gefühle und Argumente für Ihr Verhalten empfinden, von denen Sie geprägt werden, sodass Sie eigentlich gar nicht loslassen wollen. Der Gewinn, der aus dem unerwünschten Verhalten resultiert, ist wesentlich höher als jener, der mit dem Verlust der alten Gewohnheiten in Verbindung gebracht wird. Sie erleben Ihr Problem ich-synton. Das bedeutet, das Problem ist ein Bestandteil Ihrer Persönlichkeit und wird dadurch nicht wirklich problematisch erlebt. Erst wenn die Problematik als ich-dyston, also distanziert, außerhalb der Persönlichkeit wahrgenommen wird (siehe Grafik), entsteht bei Ihnen die innere Bereitschaft, die Motivation, Ihr Verhalten zu verändern. Um diesen Prozess auszulösen, die Energie in Ihnen zu entfachen, sollten zuerst Aspekte gefunden werden, warum das unerwünschte Verhalten Vorteile bietet und warum der Trennungsschmerz von dieser Gewohnheit so gravierend ist. So sehen Sie als emotionaler Golfer viele Vorteile in Ihrem Verhalten, wie z. B.: Sie fühlen sich

Ich-synton

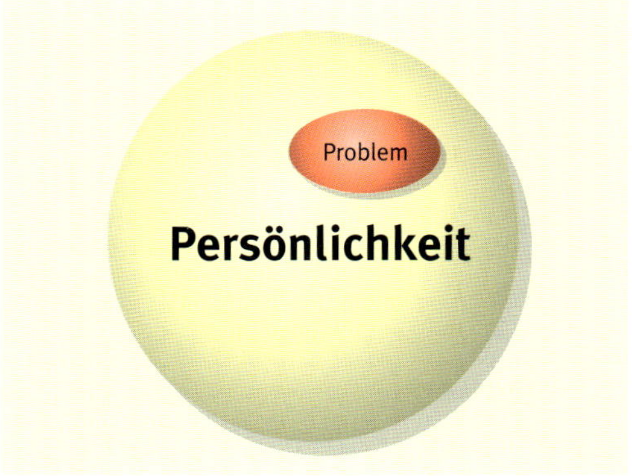

Ich-dyston

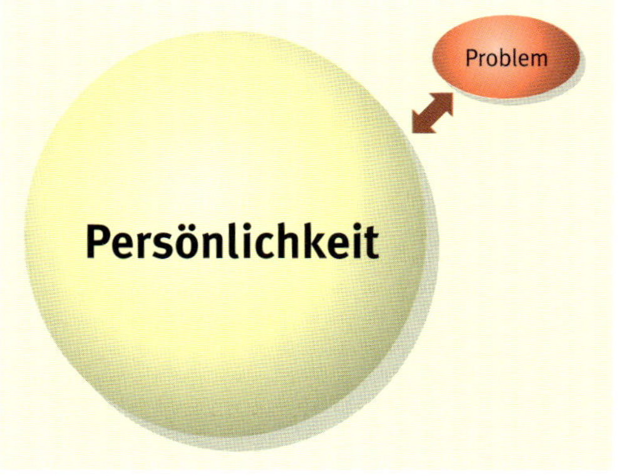

nach einem Wutausbruch einfach besser, Sie wollen nichts in sich hineinfressen und psychosomatisch erkranken, Sie wollen Ihren Weg gehen und nicht allzu sehr auf Ihre Mitspieler Rücksicht nehmen. Werden die positiven Aspekte des unerwünschten Verhaltens von anderen erkannt, fühlen Sie sich wesentlich besser verstanden – und Sie werden sogar zugänglich für eine Veränderungsstrategie. Spricht man Sie jedoch ausschließlich auf Ihr fehlerhaftes Verhalten an, werden Sie sich aller Wahrscheinlichkeit nach mental zurückziehen, und der ichsyntone Bestandteil dieses Verhaltens wird innerhalb Ihrer Persönlichkeit weiter ausgebaut und verstärkt.

Checkliste

Hatten Sie schon häufiger die Vorsätze, Ihr Verhalten zu ändern, und es ist Ihnen nicht gelungen? Was sind die Gründe, weshalb Sie Ihr Verhalten einfach nicht ändern wollen?

Können Sie sich vorstellen, dass Sie sich in gewissen Situationen auf dem Golfplatz anders verhalten?

Was wäre wann anders? Wie sind Sie bisher mit Kritik an Ihrem Verhalten umgegangen?

Tipps

Damit Umbewertungen stattfinden, hat sich folgendes Ablaufschema bewährt:

1 **Das negative Verhalten beschreiben.**

2 **Das unerwünschte Verhalten mit den positiven Effekten auflisten, also Gründe suchen, warum dieses Verhalten so unzertrennlich mit dem Spieler verbunden ist.**

3 **Sie verordnen sich selbst, Ihr unerwünschtes Verhalten wieder und immer wieder fortzuführen, weil es Ihnen ja wesentlich mehr Vorteile als Nachteile bringt. Allerdings müssen Sie sich auch der möglichen Konsequenzen bewusst sein und diese sehr ernst nehmen.**

16 Lockeres Miteinander auf dem Golfplatz

KONKRETE ANWENDUNG

- Sie analysieren Ihre emotionalen unkontrollierten Verhaltensweisen auf dem Golfplatz und stellen dabei fest, dass dieses Verhalten gegen die Etikette bzw. gegen die Regeln der Sportart verstößt und unangemessen ist. Sie schaffen es aber einfach nicht, Ihr Problem los zu werden.
- Sie begeben sich auf die Suche nach den Gründen Ihres Verhaltens und setzen sich mit den Vorteilen, die sich aus dem Verhalten ergeben, auseinander. Beispielsweise könnten diese sein: Spannungsabbau und innerliche Befreiung nach dem Frusterlebnis. Es ist besser, Konflikte nach außen zu tragen als nach innen zu fressen, und Sie brauchen dieses Verhalten ganz einfach, um innerlich ausgewogen zu sein. Also würde vieles dafür sprechen, sich weiterhin so zu verhalten. Warum eigentlich nicht?
- Die negativen Konsequenzen sollen nun sachlich analysiert werden. Ihr Verhalten ist unfair gegenüber anderen, die Sie dadurch aus der Konzentration bringen, Sie machen sich unbeliebt und könnten einen Mitspieler verletzen. Sie könnten auch disqualifiziert werden, im Extremfall könnten Sie Platzverbot erhalten.
- Nun sollten Sie für sich selber abwägen, wo für Sie die größeren Vorteile liegen und einen Satz niederschreiben/vorsprechen, der folgendermaßen lauten könnte: »Für mich ist es besser, meine Aggressionen nach einem misslungenen Schlag nach außen zu tragen. Ich kann damit die Spannung abbauen und mich vom Druck befreien. Also verhalte ich mich weiter so. Natürlich nehme ich meinen Mitspielern die Freude am Turnier und laufe Gefahr, disqualifiziert zu werden.« Diese beidseitige ambivalente Betrachtung regt zum

Nachdenken an und ist in vielen Fällen wesentlich effizienter und wirkungsvoller, als sich von außen oder innen zu bestrafen und mit dem drohenden Finger ausschließlich die negative Seite immer wieder in einem monotonen Prozess zu hören bzw. sich selbst vorzusprechen. Es wird Ihnen plötzlich die Erleuchtung kommen, und es wird die Energie in Ihnen entfacht, ein alternatives Verhalten auf dem Golfplatz zu entwickeln.

Entfachen Sie Ihr Feuer!

FALLBEISPIEL

Sie gehen voller Erwartung auf die Runde, nach einiger Zeit schleichen sich mehrere schlechte Schläge ein und Sie beginnen, diese Runde gedanklich abzuschreiben. Sie lassen sich gehen und geben sich sozusagen Ihrem Schicksal hin.

Um diese negative, oft energielose Situation zu überwinden, wird die Technik »Selbstverbalisation« angewandt. Hier ist besonders zu beachten, dass positiv formulierte innere Aufforderungen die Motivation steigern und die Wahrscheinlichkeit, sich wieder zu fangen und an gelungene Verhaltensweisen anzuschließen, erhöht ist. Positive Verstärker haben vor allem die Bedeutung, die Auftretenswahrscheinlichkeit von gelungenen Handlungen deutlich zu erhöhen. Selbstbeschimpfungen hingegen, ähnlich wie Bestrafungen, können zwar theoretisch den Effekt erfüllen, dass unerwünschte Handlungen nicht mehr auftreten, gehen aber meist mit zwei negativen Begleiterscheinungen einher: mit Angst und Aggression. Angst führt in weiterer Folge zu Vermeidung und zum Rückzug in eine Situation, die die Tendenz, eine schlechte Runde abzuschreiben, weiter verstärkt. Aggression geht auf Kosten der Kontrolle; der Golfer beginnt hektisch und unruhig zu werden und Sinnloses zu riskieren, um die misslungenen Schläge wieder gut zu machen. Hinzu kommt, dass sich die Autoaggression auch hierarchisch verschieben und Kettenreaktionen auslösen kann.
Auf den Alltag übertragen kann diese Verhaltensübertragung so aussehen: Sie werden vom Chef kritisiert und übertragen den Ärger auf Ihre Sekretärin, diese gibt daheim ihren Frust an ihr Kind weiter und dieses misshandelt die Katze.
Daher sollten Kürzel eingesetzt werden, um die Energie zu entfachen und um positive Energiereserven zu mobilisieren. Diese können nicht nur auf dem Golfplatz, sondern prinzipiell immer dann eingesetzt werden,

Mobilisationsschwelle

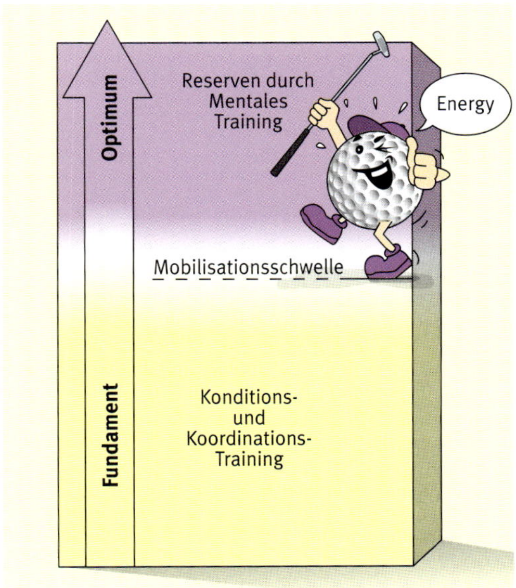

wenn es zu »Hängern« im Tagesablauf kommt. Positive Selbstgespräche müssen erarbeitet und in jeder kritischen Situation angewendet werden; nur auf diese Art und Weise kann diese Technik stabilisiert werden. Die Weiterentwicklung auf die so genannte Kürzeltechnik kann erst dann erfolgen, wenn dieses Kürzel mit positiven Selbstverbalisationen in gedanklicher Verbindung steht.
Sie sollten dieses Kürzel (z. B. ENERGY) dann gebrauchen, wenn Sie nochmals alle Leistungsreserven mobilisieren wollen. Es ist sozusagen ein Turbo, den Sie einschalten

Checkliste

Neigen Sie dazu in bestimmten Situationen aufzugeben?

Haben Sie ein Gefühl der Energielosigkeit oder der Enttäuschung, wenn die Runde nicht nach Ihren Vorstellungen und Wünschen verläuft?

Kontrollieren Sie Ihre Gedanken? Sind diese negativ-bestrafend?

17 Motivationsschub

und der Ihnen den Sprung über die Mobilisationsschwelle ermöglicht.

KONKRETE ANWENDUNG

- Nehmen Sie sich ein Blatt Papier und schreiben Sie auf, mit welchen Worten Sie vom Golf-Pro aufgebaut werden möchten, wenn Sie dazu neigen, Ihre Runde aufzugeben.
- Stellen Sie sich vor, wie er Ihnen dabei auf die Schulter klopft und Ihnen mit positiven Formulierungen, die er laut verbalisiert und vorspricht, wieder zu neuer Energie verhilft.
- Nehmen Sie jetzt aus diesen positiven Verbalisationen ein geeignetes Wort heraus und machen Sie es zu Ihrem spontanen Energiebringer. Dies könnte beispielsweise »ENERGY« lauten.
- Koppeln Sie jetzt dieses Wort mit der Vorstellung einer erfolgreichen Golfszene und setzen Sie dabei ein Signal, indem Sie z. B. den Griff am Golfschläger kurz und fest zusammendrücken.
- Umsetzung auf dem Golfplatz in schwierigen Situationen: Nicht mehr der Trainer baut Sie auf, sondern Sie selbst. Wenn das positive Selbstgespräch verinnerlicht ist, können Sie in einem weiteren Schritt das Gespräch mit Ihrem Kürzel zusammenfassen.

Internes Coaching

FALLBEISPIEL

Angenommen, Sie haben sich für ein Golfturnier so viel vorgenommen, weil Sie auf den Trainingsrunden einiges an Ihrem Spiel verbessern konnten. Sie sind überzeugt, Ihr Handicap zu verbessern. Nach dem Turnier kommen Sie zu der bitteren Erkenntnis, dass mit dem schlechten Score Ihre Vorstellungen nicht erfüllt werden konnten. Sie beginnen nun, das gesamte Turnier aus einem negativen Blickwinkel zu betrachten und können dem Turniertag überhaupt nichts Positives abgewinnen. Ganz im Gegenteil: Sie sind frustriert. Auch der Wettbewerb des kommenden Wochenendes wird von Ihnen bereits mental negativ besetzt, bereits abgeschrieben. Wie können Sie aus dieser unangenehmen Erfahrung doch noch positive Energie schöpfen, sich selber motivieren und Motivation für die kommende Herausforderung gewinnen?

Gerade in wie oben beschriebenen Situationen haben sich Selbst-Reframing-Techniken besonders bewährt. Reframing heißt »in einen neuen Rahmen stellen«. Bei diesen Techniken geht es darum, aus negativen Erlebnissen positive Aspekte herauszufiltern. Diese sollen verstärkt werden, damit sie für die nächsten Herausforderungen aufrechterhalten werden können. Um diese positiven Aspekte herum soll nun eine Strategie entwickelt werden, das kommende Turnier zu meistern. Verwirft man nämlich alle Erfahrungen, sowohl positive als auch negative, bleiben in unseren Denkmechanismen unangenehme und unangemessene Gefühle zurück, welche die kommende sportliche Handlung überlagern und stark beeinträchtigen können.

KONKRETE ANWENDUNG

Sie sind enttäuscht über den negativen Verlauf des Turniers. Nach dem misslungenem Wettbewerb schlüpfen Sie in die Rolle Ihres eigenen Coaches und analysieren möglichst sachlich alle Stärken und Schwächen Ihres Verhaltens während des Turniers – auch wenn Ihnen zu Beginn lediglich die Defizite, beispielsweise ein katastrophales langes Spiel, bewusst werden und Sie sich quälen müssen, überhaupt positive Aspekte zu finden. Versuchen Sie, objektiv zu sein und reflektieren Sie nochmals. Wie waren die Abschläge im gesamten Turnierverlauf? Wie waren die langen Schläge vom Fairway? Wie waren die Annäherungsschläge? Wie war das Putten? Konnten Sie sich emotional kontrollieren? Haben Sie gekämpft? Dachten Sie optimistisch? Wie nutzten Sie die Pause zwischen den Schlägen? Haben Sie jeden Schlag gewissenhaft vorbereitet? Unter all diesen und anderen Fragestellungen werden Sie garantiert, wenn auch nur kleine (aber immerhin!), gelungene Handlungen erkennen können. Erinnern Sie sich beispielsweise an Ihre überdurchschnittlichen Putt-Leistungen auf den letzten vier Löchern. Gehen Sie gedanklich nochmals diese vier Stationen durch und versuchen Sie sich an dieses Gefühl zu erinnern.

Nun beginnen Sie, mit Ihren positiven Erinnerungen beim Putten eine Strategie für das kommende Turnier zu entwickeln. Gerade diese Putt-Leistungen wollen Sie ja unbedingt beibehalten. Ihr selbstverstärkendes Gespräch sollte wie folgt lauten. »Wenn ich kommende Woche noch zwei- bis dreimal auf die Driving Range gehe, an meinem langen Spiel arbeite und ich beim nächsten Turnier mein Vorbereitungsritual für jeden Schlag konsquent durchführe und mich meine Pre-Shot-Routine in den optimalen Leistungszustand versetzt, dann kann ich mit meinen gezeigten guten und konzentrierten Putt-Leistungen sehr wohl eine aus-

Tipps

1 **Schlüpfen Sie in die Rolle Ihres eigenen Coachs.**

2 **Gehen Sie gedanklich den Turnierverlauf nochmals durch und befassen Sie sich schriftlich mit dem Geschehenen.**

3 **Greifen Sie anschließend den für Sie wichtigsten positiven Aspekt heraus, verstärken Sie ihn mit einem aufbauenden Selbstgespräch und entwickeln Sie eine Strategie um diese gelungene Handlung herum, um für neue Aufgaben gerüstet zu sein.**

Checkliste

Sind Sie in der Lage, sich nach einem Turnier emotional zu beruhigen?

Gelingt es Ihnen, sachlich Stärken und Schwächen zu analysieren?

Können Sie bei Ihren Stärken ansetzen und Strategien für die kommende Herausforderung entwickeln?

gewogene Turnierleistung erbringen. Die gute Leistung auf dem Green gegen Schluss des Wettbewerbs zeigt mir ja auch, dass ich trotz Ermüdung immer noch in der Lage bin, mich auf einem sehr hohen Niveau zu konzentrieren.«

Zusammenarbeit: Spieler – Pro

Immer wieder kommt es vor, dass die Kommunikation zwischen Trainer und Golfer einseitig und nutzlos ist. »So doch nicht!«, oder: »Versenk den Ball einfach« sind Aussagen des Golflehrers, mit denen der Spieler nichts anzufangen weiß. Es sind Sätze, in denen klare Anweisungen und Verbesserungsvorschläge fehlen.

Eine Frucht bringende Golfer-Trainer-Beziehung beruht auf Kommunikation und Dialogbereitschaft von beiden Seiten. Befragungen von Spitzensportlern quer durch alle Disziplinen ergeben mit eklatanten Prozentsätzen die Kritik am einseitigen Informationsfluss. Zudem würden Korrekturen und Verhaltensanweisungen der Trainer in autoritärer Art und Weise dem Sportler weitergegeben. Demgegenüber stehen nur wenige Rückinformationen vom Golfer an den Trainer über das Bewegungsgefühl, Befindlichkeit, Sorgen, Ängste und Verhaltenswünsche. Dieses Ungleichgewicht in der Kommunikation wird von Athleten als unbefriedigend erlebt. Zu Recht!

Denn nur die Gemeinsamkeit bringt den Sportler auf ein höheres Niveau. Einerseits korrigiert der Trainer auf Grund seiner optischen Kontrollmöglichkeiten. Andererseits reguliert der Athlet sein Verhalten überwiegend auf Grund von Informationen, die über die Gefühlsebene rückgemeldet werden. Er ist deshalb unbedingt in den Korrektur- und Trainingsprozess einzubeziehen – mehr noch, er kann sich auch selbst coachen. Daher zeichnet sich die Qualität eines guten Trainers dadurch aus, die gefühlsorientierten Informationen des Golfers in seinen Anweisungen zu berücksichtigen. Der Golfer soll dadurch die Fähigkeit einer hohen Differenzierbarkeit zwischen einem guten und einem schlechten Gefühl beim Schlagen der Bälle entwickeln.

Geschätzt wird bei den Athleten, wenn der Trainer Ruhe, Zuversicht und Gelassenheit ausstrahlt, Hektik vermeidet und eine gelöste Atmosphäre schafft. Der Golf-Pro sollte wenig, aber im Detail genau informieren. Er sollte Stärken gezielt hervorheben, in der Kritik sachlich bleiben und Lösungsvorschläge anbieten. Der Golfer seinerseits ist gefordert, Korrekturansätze des Trainers für sich sinnvoll in geeignete Metaphern zu übersetzen. Darunter versteht man Vorstellungsbilder, die die Gefühlsebene ansprechen. Die Metaphern sollten von Trainer und Golfspieler gemeinsam erarbeitet werden.

Kognition

Kognition – Denken und Verknüpfen

Unter Kognition versteht man wörtlich: Erkennen.
Da aber schon einfache Organismen Teile ihrer Umwelt erkennen können, muss diese Definition noch weiter präzisiert werden. Es geht nicht nur um Erkennen, also lediglich um Informationswahrnehmung, sondern auch um die Qualität der Informationsaufnahme, -verarbeitung und -umsetzung.
Kognitive Vorgänge bedürfen zweier Informationsquellen:

- der Wahrnehmung von Gedächtnisinhalten,
- der Wahrnehmung von Außenreizen.

Das Gedächtnis ist eine abgespeicherte Vergangenheit, die auf aktuelle Anforderungen bezogen wahrgenommen, das heißt verformt wird. Die Verknüpfungsergebnisse drücken sich im Verhalten und im Erleben von Gefühlen aus und sind nur im geringen Ausmaß als verbal beschreibbare Gedanken bewusst. Kognitive Modelle beziehen sich vorwiegend auf Denkinhalte und ihre Verknüpfungen. Bestimmte Denkinhalte und daraus abgeleitete Erwartungen gelten als *dysfunktional*; z.B. zu denken und zu erwarten, den Anforderungen des Lebens nicht gewachsen zu sein.
Viele Prozesse, die eigentlich der Kognition zuzurechnen sind, laufen unbewusst ab. Oft werden bewusste kognitive Abläufe aus Ökonomiegründen mit der Zeit automatisiert. Aber gerade im Unbewussten sind kognitive Komponenten mit affektiven Komponenten verbunden. Um Veränderungen im kognitiven Bereich zu erreichen, ist es daher wichtig, sich unbewusst ablaufender Prozesse bewusst zu werden.
Die Änderung von Denkinhalten ist eine mit Anstrengung verbundene Tätigkeit, da das Abrufen von automatisierten Denkmustern wesentlich weniger Energie erfordert als die Erarbeitung neuer Denk- und Verhaltensweisen. Unter irrationalen Gedanken und Ideen sind nicht generell alle falschen Schlussfolgerungen zu verstehen, sondern vor allem Übertragungen von Lebensmaximen und Glaubenssetzungen auf die Bewältigung konkreter Ereignisse. Wenn z.B. die Maxime »Alle Menschen sind immer gut« auf jeden sozialen Kontakt, auch zu sich selbst, angewendet wird, ist eine häufige Enttäuschung bzw. ein geringes Selbstwertgefühl kaum zu vermeiden.

Bewerten und Erkennen

»Nicht die Dinge an sich beunruhigen den Menschen, sondern seine Sicht der Dinge!« (Epiktet)
Diese Aussage von Epiktet soll die Bedeutung unterstreichen, dass in der Erziehung nach Auffassung der Stoa eine gelassene ruhige Haltung gegenüber den Ereignissen einzunehmen ist. Die Beunruhigung sollte nicht dadurch gesteigert werden, dass sich Menschen Probleme um diese Ereignisse machen. Gelassenheit predigt auch ein chinesisches Sprichwort: »Ist es ein Problem – warum machst Du Dir Sorgen? Ist es kein Problem – warum machst Du Dir Sorgen?«
Bei Ereignissen handelt es sich um Tatsachen, die nicht veränderbar sind; nur die Einstellung zu den Tatsachen kann verändert werden. Menschen sollten demnach lernen, Begriffe und Emotionen zu trennen.

Situationen sollten aus einer gewissen Distanz sachlich bewertet werden.
Albert Ellis, der Begründer der rationalen emotiven Therapie, bezeichnet diejenigen Denkmuster und Handlungen in einer speziellen Situation als rational, die entsprechend zielführend sind. Externe und interne Ereignisse führen demnach nicht direkt zu entsprechenden Konsequenzen. Den entscheidenden Einfluss auf die kognitive Bewertung und die daraus resultierenden Konsequenzen üben die subjektive Wahrnehmung, die eigenen Glaubensmodelle und die Einstellung, die auf Grund unserer Erfahrungen, der Erziehung, der eigenen Lerngeschichte entwickelt worden sind, aus. Innere Rollenspiele und Selbstgespräche auf Grund von sozialen Beobachtungen aller bedeutsamen Personen (der erweiterten Familie) und die dabei entwickelten Anpassungen an die eigenen Bedürfnisse bilden eine Grundlage für ein späteres angepasstes Verhalten. Modellverhalten wird nicht nur einfach imitiert, sondern ist Auslöser für umfangreiche kognitive Bewertungs- und Verarbeitungsprozesse, die erst nach geraumer Zeit zu festen Handlungsplänen führen. Die Hauptproblematik in der Bewertung von Situationen liegt dabei in der biologischen Tendenz des Menschen, irrational und in absolutistischen Kategorien zu denken. So ist es zum Beispiel eine irrationale Annahme zu meinen, man müsse in jeder Hinsicht kompetent, intelligent und perfekt sein. Rational wäre es, sich selbst als unvollständigen Menschen mit Stärken, Kompetenzen,

18 Realistische Selbsteinschätzung auf der Range entwickeln

aber auch mit Fehlern, Schwächen und bestimmten Grenzen zu sehen.
Aus diesen Annahmen lassen sich folgende Beispiele für logische Denkfehler und kognitive Verzerrungen anführen:

- Alles-oder-Nichts-Denken, z.B.: »Wenn ich bei einer wichtigen Aufgabe versagt habe, so ist dies ein totaler Fehler ...!«
- Fokussieren auf negative Aspekte, z.B.: »In meinem Leben passieren negative Dinge – das darf nicht sein, ... ich kann keine positiven Dinge im Leben sehen ...!«
- Nicht Beachten positiver Aspekte, z.B.: »Man hat mir zwar ein Kompliment gemacht, aber das war nur Freundlichkeit, um mich zu schonen ...«
- Personalisieren, z.B.: »Ich habe es nicht gut genug gemacht, deshalb lachen alle anderen über mich!«
- Perfektionismus, z.B.: »Ich habe etwas zwar gut gemacht, aber es müsste perfekt sein, und deshalb bin ich im Grunde inkompetent!«

Nutzen Sie die Störfaktoren

FALLBEISPIEL

Sie mögen einen Golfplatz bzw. ein bestimmtes Loch nicht, weil Sie dort in der Vergangenheit schlecht gespielt haben. Sie bauen einen natürlichen Widerstand auf und merken, dass ein unangenehmes Gefühl der Unsicherheit entsteht. Sie ärgern sich dann zusätzlich noch über den aufkommenden Wind oder über die Zusammensetzung Ihres Flights, in diesem Fall wird Ihr Spiel definitiv von Störfaktoren negativ beeinflusst. Negative Gedanken, Nervosität, unsichere und ängstliche Verhaltensweisen (Schultern hochziehen, hastige Bewegungen, autosuggestive Beschimpfungen, Unentschlossenheit u.v.m.) stellen sich ein – und Ihre alten Fehler, die Sie im Training auf dem heimischen Platz schon so gut kontrollieren konnten, kommen wieder zum Vorschein.

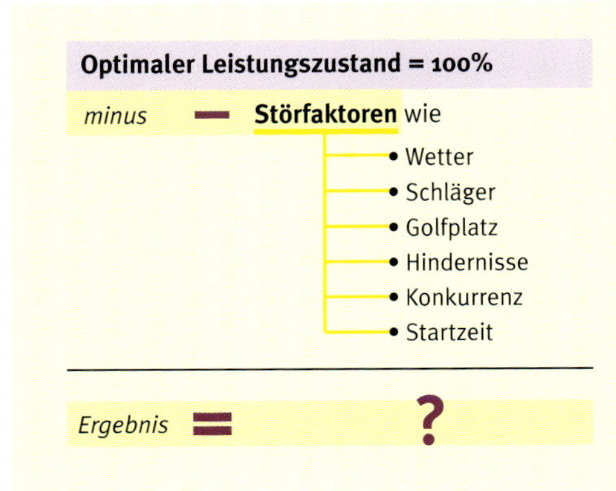

Optimaler Leistungszustand minus der Störfaktoren

Häufig sind es Gedanken, die auf Grund Ihrer Erfahrung und Lerngeschichte Gefühlszustände hervorrufen, die bewirken, dass Sie sich in einer Situation mehr oder weniger wohl fühlen. Es ist niemals die Situation selbst, die Ihnen Probleme verursacht, sondern es sind Ihre Einstellung und Ihre Gedanken zur Situation.
Nehmen wir an, Sie könnten 100 Prozent Ihres Leistungspotenzials entfalten, wenn Sie Störfaktoren mental kontrollieren könnten. Gelingt dies nicht, dann wird sich Ihr Leistungspotenzial dementsprechend reduzieren (100 Prozent minus Störfaktoren). Ihre Aufgabe wird es nun sein, in einem ersten Schritt alle möglichen Störfaktoren, die Ihnen schon einmal Probleme bereitet haben bzw. bereiten könnten, aufzulisten und sich mit ihnen auseinander zu setzen.

Diese Vorgehensweise kann auch als Verhaltens-Regression bezeichnet werden. Darunter versteht man das gedankliche Zurückgreifen auf frühere Entwicklungsstadien. Mit dieser Technik können Sie problembeladene Situationen, die sich sowohl auf Ihre Erfahrung beim Golfspielen als auch auf negative Erfahrungen und mögliche Lösungsansätze ähnlicher Situationen beziehen, Revue passieren lassen. Sie stöbern in Ihrer Vergangenheit und fragen sich: »Wo war ich mit diesen und jenen Problemen konfrontiert?« Diese Technik soll helfen, sich wieder an den Umgang mit bestimmten Problemsituationen, mit ihren Lösungen und auch an das Versagen zu erinnern. Fragen, den Störfaktor betreffend können lauten: »Hat er mir immer schon Probleme bereitet? Ab welchem Zeitpunkt hat er mein Verhalten beeinflusst? Wie war mein Umgang mit ihm davor?«

In einem zweiten Schritt analysieren Sie jeden einzelnen dieser Störfaktoren und suchen positive, attraktive Seiten. Finden Sie den Störfaktor spannend und erwecken Sie Neugier! Fühlen Sie sich wie auf einer Expedition dabei. Ziel dieser mentalen gedanklichen Auseinandersetzung mit den Störfaktoren ist es zum einen, Strategien für ihren Umgang zu entwickeln, zum anderen aber auch, ihre positiven Seiten zu entdecken und diese mit einer Daseinsberechtigung auszustatten. Erst dann wird sich der Widerstand lösen, und Sie können Ihren optimalen Leistungszustand erreichen.

Im Umgang mit Störfaktoren hat sich folgende Einstellung bewährt: Sie werden als Freund genutzt und so positive Energie daraus gewonnen.

»Das Wasserhindernis mag mich nicht«, »Nur nicht wieder ins Wasser spielen«, »Warum muss dieses blöde Wasserhindernis meinen Score vermiesen?« Sätze wie diese bedeuten Widerstand, Gegner, Verkrampfung. Wörter wie »nicht« sollten vermieden werden, da das »nicht« als Vorstellungsbild nicht existiert. Das heißt: Der gut gemeinte Vorsatz »Spiele nicht ins Wasser«, erzeugt die Vorstellung, wie der Ball ins Wasser gespielt wird, und die Motorik richtet sich

Äußere Störfaktoren

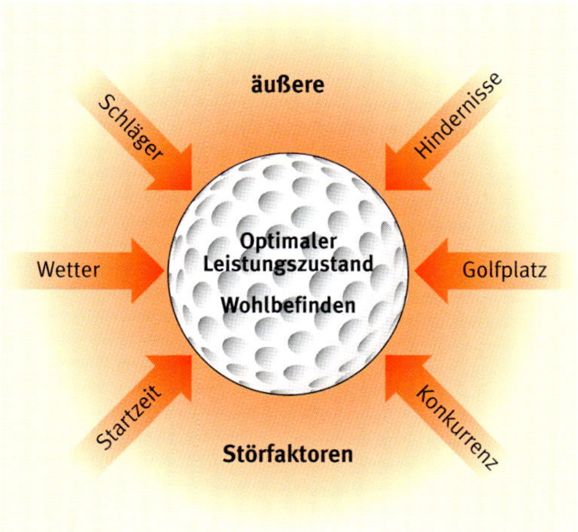

Integrierte Störfaktoren

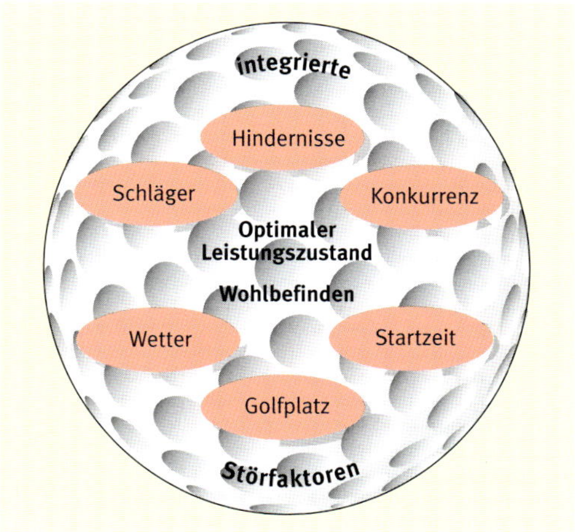

Titleist
3

automatisch nach diesem Vorstellungsbild aus. Die Vorstellungsbilder sollten daher konkrete Vorhaben unterstützen.

EXKURS PENDELTEST

Ein Pendelversuch ist ein anschauliches Beispiel dafür, dass durch Vorstellungsbilder körperliche Reaktionen ausgelöst werden, derer wir uns nicht bewusst sind. Durch die intensive Vorstellung kommt es zu einer zwar kaum wahrnehmbaren, unbewussten motorischen Aktivität in den Fingermuskeln, die aber das Pendel in die innerlich vorgestellte Richtung schwingen lassen. Unsere Gedanken beeinflussen unser Handeln, unsere Motorik und veranlassen unsere Muskeln dazu, Bewegungen auszuführen. Die Tatsache, dass das gedankliche Nachvollziehen von Bewegungsabläufen ohne tatsächliche Durchführung bereits zu muskulären Aktivitäten führt, wird als ideomotorische Reaktion oder als Carpenter-Effekt bezeichnet.
Daher sollten unsere Gedanken im Hier und Jetzt unsere Handlungen unterstützen. Diese Pendelübungen sollten Sie täglich zwei bis drei Minuten als Konzentrationsübung durchführen. Sie lernen, Ihre Aufmerksamkeit auf eine gewünschte Handlung zu fokussieren. Trainieren Sie auch unter Störfaktoren, bei laufendem Radio oder Fernseher, Autolärm oder Ähnlichem! Kontraproduktive Gedanken lösen Widerstände aus und stören einen harmonischen Bewegungsablauf. Inwieweit Bilder auch unsere Befindlichkeit bzw. die glatte Muskulatur unserer Organe beeinflussen, ob die

19 Herausforderungen annehmen – Problemsituationen nutzen

Pendeltest

permanente Angst vor Erkrankungen eine erhöhte Aktivität in diesen Bereichen auslöst und Veränderungen hervorrufen kann, soll in diesem Zusammenhang nur als Denkansatz angesprochen werden.

- Nehmen Sie ein Pendel. Halten Sie es über ein Fadenkreuz. Das Pendel sollte sich in der Mitte befinden. Stellen Sie sich nun vor, das Pendel schwingt entlang der senkrechten oder waagrechten Linie bzw. dreht sich im oder gegen den Uhrzeigersinn. Machen Sie nichts, beobachten Sie nur! Was passiert?

KONKRETE ANWENDUNG

- Setzen Sie sich bequem auf Ihre Couch und leiten Sie über drei tiefe Atemzüge einen entspannten Zustand ein.
- Durchlaufen Sie gedanklich alle Störfaktoren, die Sie bereits einmal aus Ihrem Konzept geworfen haben und listen Sie diese auf einem Blatt Papier auf. Vielleicht fallen Ihnen dabei auch Störfaktoren ein, die Sie über das Golfspiel hinaus in anderen Bereichen des Lebens aus dem Rhythmus bringen könnten. Störfaktoren im

Checkliste

Warum haben Sie in bestimmten Situationen plötzlich ein unangenehmes Gefühl?

Welche Gedanken, Verhaltensweisen und Gefühle begleiten Sie, wenn Sie sich bestimmten unangenehmen Situationen stellen?

Wie reagieren Sie dabei mit Ihrem Körper?

Können Sie Ihre Gedanken kontrollieren und einen inneren Dialog auf einer freundschaftlichen Ebene mit dem Störfaktor führen?

Aus einem Widerstand soll eine Wohlfühl-Komponente entstehen, die es ermöglicht, die Handlung in einem neutralen bis angenehmen Umfeld durchzuführen.

Golf können u.a. Wasser, Bunker, Wetterbedingungen, Material oder der Score sein.

- Die positive Umbewertung könnte lauten: Wasser ist ein attraktiver Bestandteil dieses Loches, Wasser erfrischt mich, schenkt mir Energie, Konzentration, Frische, weckt die Lebensgeister, Wasser hat reinigenden Charakter und ist ein kostbares, lebensnotwendiges Gut. So kann das Wasserhindernis zum Freund gewonnen und als Auslöser für den optimalen Leistungszustand genutzt werden, als autosuggestive Formel, die den gewünschten Soll-Zustand einleitet.
- Visualisieren Sie kurz die positiven Eigenschaften des Störfaktors. Stellen Sie sich einen Wasserfall vor. Stellen Sie sich vor, wie Sie sich mit Wasser erfrischen, wie der Körper vor Energie strotzt.
- Führen Sie mit dem Störfaktor positive Selbstgespräche und beginnen Sie diese Sätze immer mit: »Ich mag Dich, weil…« Sie können auch den Störfaktor symbolisch in die Form eines Ihnen vertrauten Gegenstandes projizieren.
- Visualisieren Sie jetzt die Flugbahn, mit der Ihr Golfball das Wasserhindernis leicht überfliegen kann und beschreiben Sie langsam den Bewegungsablauf und die Flugbahn des Balles.
- Nun suchen Sie, wann immer es möglich ist, diesen Störfaktor auf. Vermeiden Sie ihn nicht, konfrontieren Sie sich mit ihm – dann werden Sie sich weiterentwickeln.

Wünschen Sie sich täglich viele Situationen mit Störfaktoren und nehmen Sie die Herausforderungen an – es ist ein sicherer Weg, um sich weiterentwickeln zu können!

Bewerten Sie Kritik sachlich

FALLBEISPIEL

Sie werden von einem Mitspieler ständig auf Fehler aufmerksam gemacht und kritisiert. Sie beginnen sich zu ärgern und zu verkrampfen. Der Spielfluss geht verloren und Sie verlieren die Freude an Ihrem Tun. Korrigiert Sie Ihr Lebenspartner oder ein naher Verwandter, behagt Ihnen die Kritik schon gar nicht.

Sie müssen sich bewusst machen, dass das Verhalten anderer niemals einen zu großen Einfluss auf Ihr Befinden bzw. Ihr Verhalten nehmen darf. Entscheidend über den Aus-

gang und die Konsequenzen einer bestimmten Situation ist immer Ihre ganz persönliche Bewertung. Betrachten Sie deshalb Situationen sachlich und machen Sie sich klar, dass das Verhalten anderer nicht ausschließlich darauf zielt, Sie zu verletzen bzw. Ihr Selbstwertgefühl anzugreifen und Sie in verhängnisvolle Grübelkreisläufe zu stürzen.
Die Kunst, mit diesen Problembereichen umzugehen, liegt in der Umbewertung und Umstrukturierung von Gedanken. Lernen Sie dabei, die Probleme nicht auf sich selbst zu beziehen, sondern versuchen Sie sich in den Kritisierenden hineinzuversetzen und zu verstehen, warum er gerade jene Verhaltensweisen an den Tag legt. Verschiebt er vielleicht seine eigene schlechte Laune (auf Grund eigener schwacher Leistung usw.) bewusst oder unbewusst auf Sie? So könnte es durchaus sein, dass Korrekturen voreilig als Provokation und Angriff auf Ihre Persönlichkeit interpretiert werden, anstatt dass Sie sich die Frage stellen: »Was steckt eigentlich hinter dem Verhalten meines Mitspielers?« Vielleicht möchte er Sie auch motivieren und helfend korrigieren, da er solche Verhaltensweisen von anderen Menschen selbst als sehr hilfreich erfahren hat.
Zwei Maßnahmen haben sich im Umgang mit dieser Problematik als besonders gut geeignet herauskristallisiert.

- Rationale Emotive Therapie nach Ellis (RET)
- Spurensuche nach transaktionsanalytischen Aspekten (TA)

Rationale Emotive Therapie

Die Rationale Emotive Therapie geht davon aus, dass jedes Problem nach einem A-B-C-Schema aufgeschlüsselt werden kann. Der Buchstabe A steht dabei immer für die Ausgangssituation, B für die Bewertung der Ausgangssituation, C steht für die sich daraus ergebende Konsequenz.
In einem ersten Schritt wird die Problemsituation aufgelistet und als Bewertung der negative Grübelkreislauf (siehe Seite 58) beschrieben, der immer wieder eine Endlosschleife provoziert und sich zu einem Gefühl der persönlichen Wertlosigkeit steigert.
C gibt die sich daraus entwickelnden Konsequenzen wieder, die ein Rückzugsverhalten und einen Leistungsabfall mit sich bringen.
In einem zweiten Schritt wird wieder das Problem aufgelistet. Es soll dabei nicht an einer Veränderung der Situation gearbeitet werden, da diese ohnehin nicht beeinflussbar ist. Vielmehr sollte die Bewertung geändert werden, und auf Grund der geänderten Bewertung verändern sich auch die Konsequenzen. Das heißt: Eine Umbewertung könnte dermaßen aussehen, dass fünf Gründe gesucht werden, warum Sie beispielsweise vom Mitspieler ständig kritisiert werden. Keiner der fünf Gründe darf jedoch mit Ihnen persönlich in Zusammenhang stehen. Sie sollten dabei immer versuchen, sich in den Kritisierenden hineinzuversetzen.
Wenn das Problem von sich selber weggenommen und auf den Kritisierenden übertragen wird, dann können Sie auch Ihre Handlung unbeeinträchtigt fortsetzen.

Auf Spurensuche: die Transaktionsanalyse (TA)

Häufig werden Aussagen bzw. Verhaltensweisen von Mitmenschen als sehr verletzend empfunden. In der Transaktionsanalyse spricht man dabei von Gefühlszuständen, die durch das »Kindheits-Ich« hervorgerufen werden. So löst Kritik Gefühlszustände aus, die Sie bereits als kleines Kind erlebt haben, und Sie werden in diesem Augenblick zu jenem kleinen, verletzten Kind. Der Kritisierende übernimmt dabei möglicherweise die Rolle eines strengen Vaters, Lehrers usw., das so genannte »Eltern-Ich«. Die momentane Situation wird auf Kindheitsmuster übertragen. Ziel der TA ist es, zu analysieren, warum Sie eine solche Übertragung durchführen und in bestimmten Situationen immer in dieses kindliche Muster zurückfallen. Sie begeben sich sozusagen auf eine Spurensuche. Wenn Ihnen diese kritischen Situationen bewusst geworden sind, sollten Sie sich Strategien überlegen, wie Sie das Problem heute lösen würden. Damit können Sie sich vor solchen Problemsituationen schützen, können sachlich handeln, verfallen nicht in die Schrecksekunde einer Handlungsunfähigkeit. Ein sachliches weiterentwickeltes »Ich« wird in der TA als »Erwachsenen-Ich« bezeichnet. Das »Kindheits-Ich« wiederum ist für die Grübelkreisläufe und für eingefahrene Verhaltensmuster verantwortlich.

Checkliste

Bewegen Sie sich in einer magischen Denkspirale, die genährt wird von negativen Emotionen?

Erkennen Sie, dass nicht die Situation für Ihre Empfindungen verantwortlich sein muss, sondern Ihre Bewertung, Ihre Gedanken über diese Situation?

Warum reagieren Sie in ähnlichen Situationen immer wieder verletzt wie ein gekränktes kleines Kind?

KONKRETE ANWENDUNG

Sollten Sie von einem Mitspieler kritisiert werden und in einen negativen Grübelkreislauf hineingeraten, dann gehen Sie wie folgt vor.

- Zustandsregulation: Spannen Sie alle Muskeln im Bereich des Oberkörpers an, ziehen Sie die Schultern nach oben, lassen Sie diese anschließend spontan fallen. Stellen Sie sich dabei vor, Sie bauen 80 bis 90 Prozent Ihrer Spannung auf und lassen diese dann auf 0 Prozent sinken. Anschließend

ABC-Schema: Ausgangssituation

A	B	C
Auslöser/Situation	**Bewertungssystem**	**Konsequenz/Verhalten**
Ein Bekannter in meinem Flight kritisiert mich und meinen Schwung im Rahmen eines Golfturniers.	»Ich bin nicht in Form.« »Ich werde das Golfspielen nie lernen!« »Ich bin schlecht.« »Keiner mag mich!«	Vermeidung von Golfturnieren Sozialer Rückzug Leistung verschlechtert sich

machen Sie drei ruhige und tiefe Atemzüge: Blasen Sie dabei die Luft aus, als würden Sie in der Vorstellung den Ärger wegblasen.

- Machen Sie sich bewusst, nicht wieder in die Rolle des beleidigten, gekränkten Kindes zu fallen, sondern nehmen Sie die Rolle eines sachlichen Erwachsenen ein, der in jedem Augenblick die Würde behält.
- Schlüsseln Sie Ihr Problem nach dem ABC-Schema in der aktuellen Variante auf (siehe Grafik).

Zur Umbewertung der Ausgangssituation suchen Sie nach Argumenten, warum Sie kritisiert worden sind, aber keines dieser Argumente dürfen Sie auf sich selbst beziehen!

Häufig erweist es sich als sehr hilfreich, wenn man eine humorvolle, nicht verletzende Antwort auf die Kritik bereit hat, um den Kritisierenden zum Nachdenken zu bringen: »Wenn Du mir nur ein bisschen von Deinem perfekten Schwung übertragen könntest, dann würdest Du mir wohl keine Ratschläge mehr geben.«

- Finden Sie eine Lösung, in dem Sie in einem zweiten Schritt vom gleichen Problem ausgehen und die Bewertung (B) verändern. Suchen Sie fünf Gründe, weswegen Sie kritisiert werden, die mit Ihnen persönlich nichts zu tun haben dürfen, das Verhalten des Kritisierenden aber verständlicher machen.
Beispielsweise: Der Kritisierende lenkt von seinen eigenen Problemen ab, er möchte mich durch seine Kritik motivieren, er erinnert sich an eigene Probleme und Lösungsansätze durch Korrektur anderer, es geht ihm um die Sache, nicht um mich, er verhält sich so, wie er es gelernt hat, ohne jede Absicht, verletzend zu sein. Dann werden sich auch die Konsequenzen aus dem Problem verändern.
- Entwickeln Sie einen Leitsatz aus einem der fünf Gründe, der Ihnen am besten in Ihr Konzept passt und verbalisieren Sie diesen in Situationen des Grübelns, z. B.: »Ratschläge sachlich und gelassen aufnehmen.«
- Spielen Sie die Problemsituation mehrmals täglich mental durch, und fühlen Sie dabei, wie die negativen Emotionen hochkommen und Ihr Kindheitsmuster durchbricht. Entspannen Sie sich, und bemühen Sie sich, die Situation sachlich umzubewerten und »erwachsen« zu reagieren.

ABC-Schema: Umbewertung

A	B	C
Auslöser/Situation	**Bewertungssystem**	**Konsequenz/Verhalten**
Ein Bekannter in meinem Flight kritisiert mich und meinen Schwung im Rahmen eines Golfturniers.	»Er steht selbst unter Druck und möchte ablenken.« »Er möchte mich durch die Kritik motivieren.« »Er möchte mir helfen.«	Kritik sachlich werten und konstruktiv nutzen. Nur weil er ein Problem hat, lasse ich mir den Spaß am Golfspielen nicht nehmen!

Stress

Welche Bedeutung hat Stress in unserem Leben?

Stress bedeutet für viele Überforderung, Kontrollverlust, Hilflosigkeit und die Angst, dem hohen Erwartungsdruck nicht mehr standhalten zu können. So wird der Begriff Stress umgangssprachlich häufig mit einer äußeren Situation bzw. mit einem Zustand gleichgesetzt der als unveränderbare Tatsache hingenommen wird und in vielen Fällen einen Leidensdruck auslöst. Endlos scheinende Grübelkreisläufe, die unweigerlich von Selbstbemitleidungsprozessen bis hin zur Resignation führen, stellen sich ein. So zirkelt das zentrale Thema gestresster Menschen in den meisten Fällen um die Angst, Erwartungen nicht erfüllen zu können, die Situation nicht in den Griff zu bekommen. Dieser Erwartungsdruck beeinflusst die Bewertung einer ursprünglich eigentlich neutralen Situation und wird somit zum Stressor. Dieser Stressor führt dann zur Stressreaktion und äußert sich auf den Ebenen des Verhaltens, des Körpers, der Gedanken und der Gefühle. In der unten stehenden Übersicht sollen verschiedene Stressreaktionen auf den unterschiedlichen Ebenen verdeutlicht werden. Das Zusammenspiel der einzelnen Ebenen

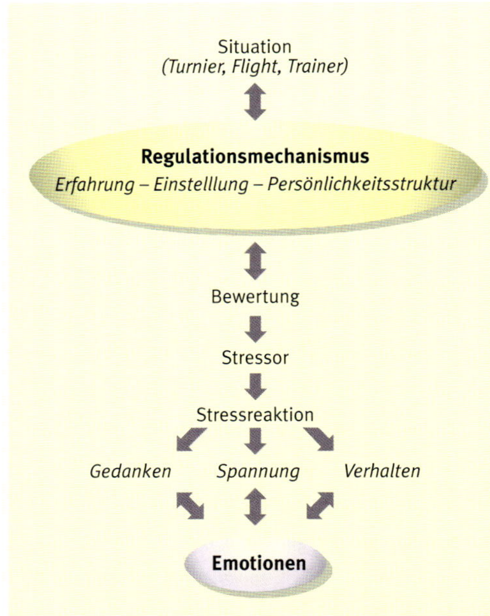

Stressmodell

Stressreaktionen			
Gedanken	**Gefühle**	**Körper**	**Verhalten**
Selbstvorwürfe z. B.: – »Immer ich« – »Das schaffe ich nie« – »Ich will weg von hier« – »Jetzt ist alles aus«	– Unsicherheit – Angst – Ärger – Unlust – Unzufriedenheit – Aggressivität	– Puls ⬆ – Blutdruck ⬆ – Muskelanspannung ⬆ – Atemfrequenz ⬆ – Blutgerinnung ⬆ – Verdauung ⬇ oder ⬆ – Sexualfunktion ⬇	– hastig, verkrampft – gereizt – automatisierte Verhaltensweisen – Essen, Rauchen – fehlende Pausen – fehlerhafte Ausführungen

kann bei einem ungünstigen länger andauernden Verlauf zu einem Teufelskreis entarten und zu psychosomatischen Problemen führen.
Genau genommen entscheiden aber wir selbst auf Grund unserer Gedanken und Einstellungen, ob die Situation zum so genannten Stressor ausartet und Stressreaktionen auslöst oder nicht.
Diesem Aufschaukelungsprozess kann mit gezielten Maßnahmen auf den vier Ebenen sehr effizient vorgebeugt bzw. entgegengewirkt werden. Auf der Gedankenebene sollen Maßnahmen der gedanklichen Umbewertung bestimmter Situationen eingesetzt werden. Unangemessene Gefühle können durch den Einsatz von Motivationstechniken durch positive Gefühle (Freude, Spaß) überlagert werden. Auf der Verhaltensebene greifen gezielte Bewegungsprogramme zur Wiederherstellung des Wohlbefindens. Auf der physiologischen (körperlichen) Ebene sollen Entspannungsverfahren zur Förderung der Regeneration und zur Wiederherstellung des Gleichgewichts erlernt und gezielt angewandt werden können.
Um die Wirksamkeit mentaler Maßnahmen überprüfen zu können, hat sich der Einsatz von Biofeedback-Geräten bewährt. Dadurch besteht die Möglichkeit, willentlich Einfluss auf autonome Körperfunktionen zu nehmen. Biofeedback meint die Rückmeldung biologischer Signale. Kleine Sensoren messen Stressparameter wie Hautleitfähigkeit, Körpertemperatur und Muskelspannung exakt, diese werden am Bildschirm wiedergegeben. Körperwahrnehmung und Selbstkontrolle sind somit durch die regelmäßige Anwendung von Biofeedback erlernbar.

Gleichen Sie den Druck aus!

FALLBEISPIEL

Treffen Sie auf einen Golfer, der das gleiche Leistungsniveau aufweist wie Sie, und mit dem Sie sich vielleicht auch in anderen Bereichen des Lebens messen, geht es auf dem Platz um die Ehre bzw. um die Angst, dass bei einer Niederlage das Selbstwertgefühl angekratzt wird (Kränkung des narzisstischen Ichs). So könnte aus der Angst vor einem Defizit (Schwäche) eine hohe Motivation entstehen, alles zu riskieren, ohne Rücksicht auf Verluste. Sie beginnen leichtsinnig zu spielen, es schleichen sich Fehler ein.
Es kann aber auch der Fall eintreten, dass Sie sich sehr gut fühlen, aber plötzlich durch einen externen oder internen Auslöser unter einen sehr hohen Erwartungsdruck geraten. So kann Ihnen beispielsweise eine vertraute Person auf die Schulter klopfen und sagen: »Heute kannst Du beweisen, wie gut Du bist!«

In beiden beschriebenen Fällen steht nicht mehr der Spaß und die Freude im Vordergrund, sondern Stolz und ein verbitterter Kampf gegen ein vermindertes Selbstwertgefühl beginnt.
Im ersten Fall entwickelt sich bei Ihnen die Tendenz, eine Beobachterrolle einzunehmen und von Ihrem Rivalen abhängig zu werden. Sie verlassen Ihr Selbstkonzept und lassen sich zu überhöhter Risikobereitschaft treiben. Hier wird es besonders wichtig sein, dass Sie in der Lage sind, sich mental zu isolieren. Sie spielen ausschließlich für sich, versuchen sachlich-strategisch zu denken und Situationen ruhig und gelassen einzuschätzen. Selbst

20 Eine entspannende Situation

wenn das Gefühl der Unbesiegbarkeit auftritt, dürfen Sie Ihre Kontrolle über die Situation nicht auf Kosten der Leichtsinnigkeit, des Sich-Beweisen-Müssens, abgeben. Die Philosophie »Neuer Schlag, neues Spiel!« nimmt eine besondere Rolle ein. Ein Strategiekonzept für jeden Schlag soll durchgezogen werden (siehe auch *Machen Sie mal Pause* Seite 83, *Pre-Shot-Routine* Seite 132). Der Drang cooles Golf zu spielen, um dem Mitspieler und dem Umfeld zu imponieren, verlangt häufig einen hohen Tribut. Cooles Golf ist nicht immer erfolgreiches Golf. Häufig beginnt dabei eine verzweifelte Jagd nach dem guten Score, weil Sie leichtsinnig begangene Fehler aufholen müssen.

Im zweiten Fall kommt der Druck von außen. In dem Augenblick, in dem ein Mitspieler Ihnen auf die Schulter klopft, Ihnen suggeriert, super-stark spielen zu müssen, sich beweisen zu müssen, kann es zu einem negativen Gefühl kommen, verursacht durch Erinnerungen, die Ihnen teilweise nicht bewusst sind. Plötzlich beginnt ein Gefühl der Angst und Unsicherheit, das auf die Kindheit zurückzuführen sein kann, ausgelöst durch die Erziehung und die Vermittlung eines Gefühls, nur dann etwas wert zu sein, wenn Sie erfolgreich sind. Dieser Verkrampfung und Unsicherheit sind Sie hilflos ausgesetzt. Häufig beginnen Sie mit naiven Techniken, sich diesem Grübeln und

den Widerständen zur Wehr zu setzen, allerdings meistens vergeblich.
Hier hilft nur eine Technik: Gegenkonditionierung. Dabei sollen eingespeicherte Verhaltensmuster, die in der Vergangenheit durch Konditionierung aufgetreten und stabilisiert worden sind, gelöscht werden. Angenommen, Sie wurden so erzogen, dass Sie nur dann etwas wert waren, wenn Sie Handlungen erfolgreich abschließen konnten. Dazu zählen die gute Note in der Schule, Mitarbeit in Haus und Garten, richtige Antworten beim Quiz. Dadurch hat sich in Ihnen ein Verhaltensmuster eingeprägt, nach dem Sie erfolgreich sein MÜSSEN, da Sie ansonsten mit Liebesentzug bestraft werden. So dringen teilweise bewusste, aber auch unbewusste Elemente Ihrer Erinnerung nach oben und verursachen ein Gefühl, wie beispielsweise die Angst, zu versagen.
Auf Grund der Kopplung von Druck und Versagen haben sich Angstgefühle entwickelt, die jederzeit in bestimmten Auslösersituationen aufbrechen können.
Gegenkonditionierung meint nun konkret: Es handelt sich um eine ursprünglich neutrale Situation, die in Ihnen auf Grund Ihrer Erfahrungen und Bewertungen einen extremen Leistungsdruck auslöst und Sie in Ihren Verhaltensweisen auf dem Golfplatz blockiert. Nun soll mit einem neuen Gefühl und mit neuen Erinnerungen diesem alten Gefühl so lange entgegengewirkt werden, bis das alte Verhaltensmuster gelöscht wird und Sie befreit mit einer neuen Einstellung das Spiel beginnen können.
Folgendes Modell hat sich dabei bewährt. Zuerst visualisieren Sie eine positive Erinnerung, ein angenehmes, positives Bild, in das Sie sich mit allen Sinnesorganen hineinversetzen. Im Anschluss daran entwickeln Sie zu diesem gefühlsbetonten Bild ein Codewort und in weiterer Folge simulieren Sie eine Bewegung, die gemeinsam mit Codewort und Vorstellungsbild gekoppelt wird und so einen neuen Gefühlszustand hervorbringen soll. Gefühlszustände können nur durch neu entstandene Gefühle überlagert werden.

KONKRETE ANWENDUNG:

- Stellen Sie sich eine positiv besetzte Situation vor und versetzen Sie sich in diese hinein. Diese Situation, in der Sie aktiv tätig sind, z. B. musizieren, bergsteigen oder schwimmen, sollte mit dem Golfspiel nichts zu tun haben.
- Entwickeln Sie ein Codewort, das diese Situation treffend bezeichnet, und während Sie sich diese visualisieren, sprechen sie sich das Codewort immer wieder vor. Mögliche Codewörter sind Freiheit (zu

Checkliste

Wie fühlen Sie sich, wenn Sie Ihrem langjährigen Berufskollegen auf dem Golfplatz gegenüberstehen und wissen, dass es um »Ruhm und Ehre« geht?

Wie fühlen Sie sich, wenn Ihnen von Ihrem Umfeld plötzlich Druck des »Gewinnen-Müssens« auferlegt wird?

Welche Gedanken treiben Sie zum Leichtsinn oder zur Verkrampfung?

Ist Ihr Spannungsniveau dem optimalem Leistungszustand angepasst?

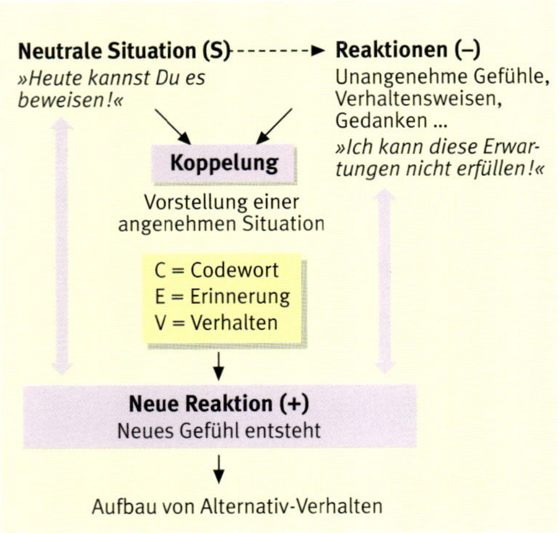

Modell der Gefühlsüberlagerung

Bergsteigen), Harmonie (Musik), Gleiten und Treiben (Schwimmen).

- In einem dritten Schritt finden Sie eine Bewegung, die das Bild und das Codewort verstärkt. So können Sie die Bewegung am Musikinstrument oder die Bewegung des Wasserfühlens simulieren.
- Koppeln Sie die einzelnen Schritte. Versetzen Sie sich in die Situation, auf einem Berggipfel zu stehen, sprechen Sie das Wort »Freiheit«, das symbolisch für das Gefühl steht, sich emporzuheben. Öffnen Sie Hände und Arme nach oben und führen Sie sie in eine Halbkreisstellung. Wiederholen Sie dieses Ritual so lange, bis sich ein neues Gefühl einstellt.
- Versetzen Sie sich jetzt konkret in die Problemsituation, die in Ihnen den Druck auslöst, und beginnen Sie mit der Gegenkonditionierung.
- Sie können sich auch mit einer Ihnen vertrauten Person zu Hause mit dem Problem in Form eines Rollenspiels konfrontieren. Die vertraute Person provoziert Sie mit dem Verhalten, das für Sie nur schwer erträglich ist. Kommen negative Gefühle hoch, ziehen Sie sich zurück und beginnen mit der Gegenkonditionierung. Das heißt: Sie greifen zu positiven Erinnerungen und koppeln diese mit Ihrem Codewort und Ihren Bewegungen.
- Nun fühlen Sie sich sicher und können, ausgerüstet mit einer guten Technik, Ihre Schwachstelle beim Golfen zuerst auf der Trainingsrunde und dann im Turnier überlagern.

Kontrollieren Sie Ihre Nervosität

FALLBEISPIEL

Kennen Sie das Gefühl, auf dem ersten Abschlag zu stehen? Die große Herausforderung zu Beginn eines Turniers. Bereits die Vorstellung, auf den ersten Abschlag zu gehen und von anderen Spielern bzw. Turnierleitung, Freunden usw. beobachtet zu werden, erzeugt feuchte Hände, Herzklopfen, erhöhte Muskelanspannung und Übelkeit.

Es ist nicht der erste Abschlag, der Sie aus dem psychophysischen Gleichgewicht werfen kann, sondern die Bewertung dieser ersten Aktion des Tages. Der erste Abschlag an sich ist nämlich genau genommen eine neutrale Situation und kann erst über eine negative Bewertung zum Problem werden. Erst dadurch wird eine unerwünschte Reaktion auf den verschiedenen Ebenen des Verhaltens ausgelöst.
Auf der physiologischen Ebene steigen die Herzfrequenz, der Blutdruck und der Muskeltonus an. Es kommt zur Ausschüttung

von Adrenalin und Noradrenalin. Auf der Gedankenebene kommen Zweifel an sich selbst, Erinnerungen an misslungene erste Abschläge, an mögliche Konsequenzen, an die Gedanken der anderen – der Grübelkreislauf beginnt. Auf der Verhaltensebene treten hastige Bewegungen bzw. Rückzugsverhalten auf. Auf der Gefühlsebene kommt die Angst, wieder sich selbst und andere zu enttäuschen, sowie Unsicherheit hinzu.
Diese Zustände werden allgemein auch als Startfieber bezeichnet. Manchmal haben wir es hingegen mit Reaktionen zu tun, die zu Energielosigkeit führen und Müdigkeit hervorrufen. Man spricht dann von Startapathie.

Bereits Puni (1961) kommt zu der Schlussfolgerung, dass die Vorstartzustände als Einstellung und Anpassung des Organismus auf die bevorstehende sportliche Tätigkeit im Wettkampf anzusehen sind. Diese Auffassung wird auch heute noch anerkannt und durch drei Grundformen des Vorstartzustandes weiter unterteilt. Jede Grundform ist durch physiologische Besonderheiten und durch ausgeprägte psychologische Symptome gekennzeichnet.
Die erste Form ist durch einen optimal günstigen Verlauf aller physiologischen Prozesse charakterisiert. Die psychologischen Symptome sind dabei eine angespannte Erwartung, gepaart mit Leistungsoptimismus, dem

21 Der Wechsel zwischen Spannung und Entspannung nach dem Schlag

Gefühl leichter Erregung, mental klar nachvollziehbaren Bewegungsabläufen, leichter Ungeduld beim Warten auf den Wettkampfbeginn, hohem Leistungswillen und großer Leistungsbereitschaft, in der auch Freude auf den bevorstehenden Wettkampf mitschwingt. Diese Form wird als Zustand *optimaler Kampfbereitschaft* bezeichnet und ist dem *Flow-Zustand* gleichzusetzen.

Die zweite Form ist durch eine erhöhte Aktivität der Prozesse im Großhirn gekennzeichnet, die mit akuten vegetativen Umstellungen einhergehen. Dazu gehören ein beschleunigter Puls, eine arrhythmische Atmung, Schweißausbruch oder Gesichtsblässe verbunden mit Konzentrationsstörungen, Gliederzittern und eine verstärkte Magen-Darm-Tätigkeit. Charakteristische psychologische Symptome sind übergroße Nervosität, Konzentrationsstörungen, Fahrigkeit, Aggressivität gegenüber Flightpartnern oder dem Trainer, Angst vor einem möglichen negativen Ausgang des Wettkampfes, deutliche Stimmungsschwankungen und Störungen im mentalen Vollzug motorischer Ausführungen (Übungsteile oder Teilphasen des Bewegungsablaufs sowie leistungsrelevante Ausführungsorientierungen werden vergessen, oder die Aufmerksamkeit wird auf nebensächliche Bewegungsphasen gerichtet). In der Regel sind der Bewegungsrhythmus und das Bewegungsgefühl zu Beginn des Wettkampfes massiv gestört. Treten diese Symptome auf, dann liegt der Zustand des *Startfiebers* vor.

In der dritten Form überwiegen Hemmungsprozesse im Großhirn. Sie führen zu übermäßigen Schutzhemmungen und erschweren ein Freisetzen physischer, insbesondere energetischer Potenzen. Typische äußere Reaktionen sind Trägheit, Zähflüssigkeit der Bewegungen, das Gefühl der Leistungsschwäche, Müdigkeit, Schlafbedürfnis, Abneigung und Lustlosigkeit gegenüber dem gesamten Wettkampfgeschehen, Missmut und eine schlechte Stimmung,

22 Der optimale Leistungszustand – ein tranceähnliches Gefühl

die sich auch in aggressiven oder abweisenden Verhaltensweisen gegenüber den Bezugspersonen im Wettkampf (Flightpartner, Zuschauer, Kampf- und Schiedsrichter, Trainer) äußern kann. Diese dritte Form des Vorstartzustands ist die *Startapathie*.
Bei der ganzjährigen Planung und Arbeit mit mentalen Vorbereitungskonzeptionen sollten alle drei Varianten des Vorstartzustandes Berücksichtigung finden, das heißt, dem Zustand des Startfiebers und der Startapathie ist langfristig entgegenzuwirken.

Ein optimaler Vorstartzustand wird am ehesten dann erreicht, wenn

- mentale Techniken beherrscht werden;
- die Einschätzung des eigenen Könnens ausreicht, um die kommende Herausforderung bewältigen zu können;
- eine realistische Leistungserwartung besteht;
- auf positive Erfahrungen zurückgegriffen werden kann;
- bereits im Training auf Stresssituationen vorbereitet wurde.

Wenn auf Grund unserer Bewertung und unserer Erinnerungen eine neutrale Situation unerwünschte Reaktionen auslöst, sprechen wir von negativem Stress.
Um diesen Stress zu kontrollieren, sollen wir auf der Gedankenebene den ersten Abschlag umbewerten und ihn attraktiv finden, um aus den negativen Angstgefühlen positiv Freude und Spaß am Handeln zu entwickeln. Auch auf der Verhaltensebene kann uns ruhiges langsames kontrolliertes Bewegen, ein aufrechter Gang und ein leichtes Lächeln weiterhelfen. Wir sollten hier die Aufmerksamkeit aber auf die Regulation des physiologischen Zustandes richten. Hier haben sich besonders bewährt: Atemtechniken und progressive Muskelrelaxation.
Es ist auffallend, dass innere Unruhe, Stress und Angst oft in Verbindung mit An- bzw. Verspannung der Muskulatur einhergehen. Die Angst sitzt einem sprichwörtlich im Nacken – die Muskulatur ist dementsprechend angespannt.
Man kann die Muskulatur über die Psyche beeinflussen, aber auch umgekehrt – eine Lockerung bzw. Entspannung der Muskulatur hat auch Auswirkungen auf die Psyche. Es besteht also eine Wechselbeziehung zwischen psychischer und muskulärer Anspannung. Diese Wechselwirkungsprozesse machen sich die verschiedenen Muskelrelaxationsverfahren zunutze, die auf der Progressiven Muskelrelaxation (PMR) nach Jacobson aufbauen.

Progressive Muskelrelaxation (PMR) nach Jacobson

PMR geht von folgendem Grundprinzip aus: Muskel bzw. Muskelgruppen werden ungefähr 5 bis 7 Sekunden angespannt und dann für etwa 30 Sekunden locker gelassen. Durch die vorherige Anspannung ist die nachfolgende Entspannung vertieft. Sowohl in der Anspannungs- als auch in der Entspannungsphase fühlt man in die Muskulatur hinein und spürt den Unterschied zwischen Anspannung und Entspannung. Hat sich etwas geändert? Wie fühlt sich der angespannte/entspannte Muskel an? Sind Auswirkungen auf andere Muskelpartien zu spüren?
Die Übungen sollten Sie pro Muskelgruppe mindestens zweimal wiederholen. Während der Anspannung ist es wichtig ruhig weiter

zu atmen. Halten Sie die Luft nicht an! Außer der bewusst angespannten Muskelgruppe sollten Sie alle anderen völlig loslassen. Finden Sie die für Sie optimale Anspannung heraus, indem Sie sich eine Skala von 0 bis 100 vorstellen (wobei 100 die maximale Anspannung bedeutet) und mit unterschiedlichen Intensitäten eine Faust ballen. In der Regel hat sich eine Anspannung um 80 bewährt. Lassen Sie die Spannung nicht langsam los, sondern plötzlich, um den Unterschied zwischen Anspannung und Entspannung noch besser wahrzunehmen. Diese Art der Entspannung können Sie in jeder Lebenslage anwenden, daher sollten Sie sie auch in verschiedenen Positionen (Liegen, Sitzen oder Stehen) üben. Durch die »Zurücknahme« beenden Sie die Anspannung, indem Sie Ihre Finger und Zehen bewegen, die Unterarme beugen bzw. sich strecken und ein paar Mal tief durchatmen.
Merken Sie sich die **4-A-Regel** für die Zurücknahme: **A**rme fest, **A**tem tief, **A**ugen auf – **A**ufwachen!

Führen Sie die folgenden Übungen zur Entspannung die ersten paar Mal der Reihe nach durch. Erst wenn eine eindeutige Lockerung der jeweiligen Muskulatur spürbar ist, sollten Sie zur nächsten Muskelgruppe übergehen. Später können Sie die einzelnen Muskelgruppen des Grundverfahrens zusammenfassen und größere Bereiche gleichzeitig an- und entspannen (dominanter Arm, nichtdominanter Arm, Gesicht, Nacken/Hals, Rumpf, dominantes Bein, nichtdominantes Bein, Arme, Gesicht, Rumpf, Beine) oder den ganzen Körper auf einmal anspannen. Sie sollten mit Ihrer dominanten Seite (Rechts- oder Linkshänder) beginnen, da Ihre Schokoladenseite im Gehirn besser repräsentiert ist und Sie dadurch den Effekt der Entspannung auf dieser Seite besser und leichter spüren.

Möglichkeiten der Anspannung von Muskelgruppen:

- Dominante Hand und Unterarm: Ballen Sie Ihre Hand zu einer Faust und beugen Sie die Faust in Richtung Unterarm oder spreizen Sie Ihre Finger und Daumen nach außen.
- Dominanter Oberarm: Beugen Sie den Unterarm zum Oberarm und drücken Sie mit dem Ellbogen gegen die Unterlage oder Sie pressen den Unterarm gegen Ihren Oberarm.
- Nichtdominante Hand und Unterarm
- Nichtdominanter Oberarm

23 Muskelanspannung

Achten Sie besonders bei der Anspannung im Gesicht-/Kopfbereich auf eine nur leichte, angenehme Anspannung, da dies sehr empfindliche Stellen sind (Kopfschmerzgefahr)!

- Stirn: Ziehen Sie die Augenbrauen hoch (»Stirnrunzeln«) oder kneifen Sie die Augen zusammen (»Zornesfalten«).
- Augen und Nase: Kräuseln Sie die Nase und schließen Sie fest die Augen.
- Wangen, Zunge und Kiefer: Pressen Sie Ihre Zunge gegen den Gaumen und beißen Sie die Zähne zusammen. Sie können auch die Lippen aufeinander pressen (Kussmund oder lächeln).
- Nacken und Hals: Drücken Sie Ihren Kopf leicht nach hinten und heben Sie gleichzeitig Ihre Schultern so hoch wie möglich.
- Brust, Schultern und obere Rückenpartie: Ziehen Sie die Schultern so weit wie möglich nach hinten, bis sich die Schulterblätter fast berühren. Speziell für die Brustmuskulatur winkeln Sie Ihre Arme ab und drücken die Handflächen in Brusthöhe gegeneinander.
- Bauchmuskulatur: Machen Sie Ihren Bauch so hart wie ein Brett.

Zur Gesamtanspannung Ihres Oberkörpers atmen Sie tief ein, halten dann die Luft an, pressen die Schulterblätter deutlich nach hinten und machen Ihren Bauch hart wie ein Brett.

- Dominanter Oberschenkel und Gesäßmuskel: Es werden gleichzeitig Vorder- und Hinterseite des Oberschenkels und der Gesäßmuskel angespannt. Pressen Sie Ihre Pobacken zusammen und spannen Sie Ihren Oberschenkel an.
- Dominanter Unterschenkel und Fuß: Ziehen Sie Ihre Füße und Zehen nach oben in Richtung Schienbein.
- Nichtdominanter Oberschenkel und Gesäßmuskel
- Nichtdominanter Unterschenkel und Fuß

Anspannung des gesamten Körpers

Ballen Sie die Hände zu Fäusten und drücken Sie bei hochgezogenen Schultern die Unterarme gegen die Oberarme. Machen Sie gleichzeitig einen Rundrücken und pressen Sie das Kinn gegen die Brust. Spannen Sie die Gesichtsmuskeln an (»Sie beißen in eine Zitrone«). Machen Sie Ihren Bauch hart wie ein Brett und spannen Sie auch Ihre Beine und Füße an, indem Sie sie entweder abwinkeln oder ganz durchstrecken.

Anleitungen zur Entspannung

Nehmen Sie eine bequeme Haltung ein … genießen Sie die Ruhe … nehmen Sie drei tiefe Atemzüge der Entspannung … tief ein- und ausatmen … lenken Sie die Aufmerksamkeit auf Ihre Arme … Wie fühlen sie sich an? … Sind sie warm oder kalt? … Fühlen sie sich locker oder verspannt an? … Können Sie An- oder Verspannungen fühlen? … Spannen Sie JETZT Ihre Arme an … halten Sie die Anspannung und fühlen Sie sie … halten, halten, halten … ruhig weiteratmen … und wieder loslassen … und entspannen … einfach loslassen … alle Spannung rauslassen … lenken Sie Ihre Aufmerksamkeit auf die Muskeln, wie sie sich gerade entspannen … Spüren Sie den Unterschied zwischen der Anspannung und der Entspannung … genießen Sie das angenehme Gefühl der Entspannung, wie die Muskeln tiefer und tiefer entspannt werden … immer mehr …

Sie können sich auf die angenehmen Gefühle konzentrieren ... auf die Entspannung in diesem Bereich ... fühlen Sie nun, wie es ist, wenn die Muskeln sich mehr und mehr entspannen ... es ist ein angenehmes Gefühl, wie die Muskeln locker und weich werden, wie die Spannung nachlässt, die Muskeln tiefer und tiefer entspannt sind ... erleben Sie, wie die tiefe, völlige Entspannung in Ihre Muskeln fließt ... einfach nur spüren ... achten Sie darauf, wie sich die lockeren Muskeln im Vergleich zu vorher anfühlen ... spüren Sie, wie die Entspannung zunimmt ... lassen Sie alles abfließen, ruhig und entspannt ... zulassen ...

Rücknahme: Lenken Sie nun Ihre Wahrnehmung langsam wieder von der Innenwelt zur Außenwelt ... Sie nehmen die Geräusche um sich herum wieder viel deutlicher wahr... Sie bewegen langsam Ihre Finger und Hände ... beugen Ihre Unterarme ... strecken und recken sich, als ob Sie gerade erwachen ... jetzt öffnen Sie auch Ihre Augen und kehren wieder ganz bewusst ins Hier und Jetzt zurück.

Ist die Grundstufe ausreichend geübt, können Sie zur nächsten Stufe übergehen – Sie spannen die Muskelgruppen nur noch im Geist an. Bereits die Vorstellung, die entsprechende Muskulatur anzuspannen und wieder zu entspannen, reicht nun aus, um einen angenehmen Grad der Entspannung zu bewirken. Weiterhin können Sie die Entspannung dann auch in der Vorstellung wandern lassen, sie also z. B. von den Armen auch in die Beine fließen lassen.
Ziel der Muskelentspannung ist es, den Spannungszustand Ihrer Muskeln besser wahrnehmen zu lernen, verspannte Muskelgruppen zu lockern und die Entspannung einzelner Muskelgruppen auf den ganzen Körper übergehen zu lassen. Durch die vorangegangenen Effekte wird sich das Wechselspiel bei sportlicher Betätigung (beim Golfspiel), die Muskulatur im richtigen Moment anzuspannen *bzw.* loszulassen entscheidend verbessern. Ein weiterer positiver Effekt, gerade für Golfer, ist die Verbesserung der Konzentrationsfähigkeit.
Natürlich können Muskelrelaxationsverfahren mit anderen Entspannungsverfahren wie Atem- und Visualisierungsübungen kombiniert werden.

Die Bedeutung der Atmung

Überlegen Sie: Wie lange könnten Sie ohne Essen auskommen, wie lange ohne Trinken? Wie lange ohne Kontakte zu anderen Menschen? Wie lange aber ohne Sauerstoff, ohne Atemluft?
Doch Achtung: Wie Sie atmen, ist fast genauso wichtig, wie das Atmen überhaupt – vor allem für einen Golfspieler. Die Atmung wird einerseits über das vegetative Nervensystem gesteuert, das heißt, sie läuft unwillkürlich und unbewusst ab. Andererseits können Sie die Atmung auch willentlich kontrollieren, das heißt, Sie können bewusst z. B. tiefer oder flacher, schneller oder langsamer atmen. Die Atmung nimmt eine Zwischenstellung unter den körperlich-vegetativen Vorgängen ein. Angst, Stress, Aufregung, aber auch Entspannung verändern stets unbewusst die Atmung. Es ist unmöglich, gleichzeitig aufgeregt zu sein und dennoch ruhig und gleichmäßig zu atmen. Sie können aber auch über die Art der Atmung Ihren Körper und Ihre Körperfunktionen

steuern. Atmen Sie schneller, wird der Körper angespannter, der Herzrhythmus erhöht, die Geistestätigkeit angeregt. Verlangsamen und vertiefen Sie Ihre Atmung, beruhigt sich der Geist, der Körper wird entspannt, der Herzschlag verlangsamt. Unter Stress oder bei Schreck halten Sie unbewusst den Atem an bzw. atmen unökonomisch, flach und stockend. Ihre Atemmuskeln, die Bronchiolen (kleinste Verästelungen der Bronchien), Ihr ganzer Brustkorb verspannen sich, der Energiestrom kommt ins Stocken. Genauso kann auch Ihr Gehirn nicht mehr klar und frei arbeiten, Ihre Gedanken sind angespannt und fixiert (siehe auch Grübelkreislauf). Wie atmen Sie, wenn Sie einen Ball abschlagen? Vielleicht haben Sie schon einmal

24 Richtiges Atmen lässt die Energie strömen.

bemerkt, dass Sie nach dem Schlag hörbar die Luft rausgelassen haben?

Bei der Brustatmung wird das Volumen des Brustkorbes mit Hilfe der Zwischenrippenmuskeln beim Einatmen vergrößert, bei der Ausatmung verkleinert. Die Brust hebt und senkt sich. Dadurch wird auch die Lunge dementsprechend ausgedehnt (Einatmung) bzw. verkleinert (Ausatmung), in diesem Fall jedoch nur in den oberen zwei Dritteln des Organs. Aber gerade der obere Bereich der Lunge ist im Gegensatz zum unteren Drittel auf Grund der aufrechten Position des Menschen und der Schwerkraft schlecht durchblutet; daher kann nur wenig Sauerstoff aufgenommen werden. In Folge von Stress- oder Angstzuständen zieht man häufig die Schultern hoch, der Atem stockt und man versucht zwar tief einzuatmen, aber unbewusst wird durch das Hochziehen der Schultern nur der obere Lungenbereich genutzt. Die Atmung ist flach, dadurch verstärkt sich das Gefühl der Atemnot, man atmet schneller, die Atemhilfsmuskulatur verspannt, die Stresssymptome verstärken sich, die Herzfrequenz steigt – ein Teufelskreis beginnt.

Im Gegensatz dazu wird bei der Bauchatmung das Zwerchfell, unser wichtigster Atemmuskel, verstärkt eingesetzt (legen Sie Ihre Hände unterhalb Ihres Rippenbogens und spüren Sie die Bewegungen Ihres Zwerchfells). Bei der Bauchatmung wird durch die Anspannung des Zwerchfells, das den Brust- vom Bauchraum trennt, der Brustraum auf Kosten des Bauchraums vergrößert, die Lunge kann sich daher auch nach unten ausbreiten und die besser durchbluteten unteren Bereiche des Organs werden mit Sauerstoff versorgt. Durch das Verkleinern des Bauchraums wölbt sich der Bauch beim Einatmen nach außen. Wird das angespannte Zwerchfell wieder entspannt, strömt die verbrauchte Atemluft ohne Anstrengung wieder aus. Der Bauch senkt sich.

Die Kombination von Brust- und Bauchatmung ist die effektivste Form des Atmens, die aber nur bei hohem Sauerstoffverbrauch notwendig wird. Über die Ausweitung des Brustraums in Richtung Zwerchfell erweitern auch die Atemhilfsmuskeln über die Rippen, den Rücken und sogar hoch bis zu den Schultern den Atemraum, sodass wirklich das gesamte Lungenvolumen ausgenutzt werden kann.

Versuchen Sie es gleich: Nehmen Sie einen wirklich tiefen Atemzug. Beginnen Sie beim

Tipps

Einige Grundregeln zur Atemschulung:

1	**Atmen Sie über die Nase ein und aus! Der Widerstand der Nase verlangsamt die Atmung, wodurch das Blut mehr Sauerstoff aufnehmen und zu den Zellen transportieren kann.**
2	**Wenn Sie einatmen, sollte sich Ihr Bauch heben, beim Ausatmen senken (Bauchatmung)!**
3	**Legen Sie besonderes Augenmerk auf Ihre Ausatmung, Sie sollte etwas verlängert sein!**
4	**Vollständiges Ausatmen ermöglicht erst tiefes Einatmen!**
5	**Tiefes, langsames Ausatmen entspannt und lockert – achten Sie also auf eine ausreichende und vollständige Ausatmung!**
6	**Atmen Sie rhythmisch: einatmen – ausatmen mit kurzer Pause!**

Zwerchfell, füllen Sie Ihre Lungen von unten nach oben mit Luft, erweitern Sie Ihren Brustraum über den Bauch, die Rippen, den Rücken bis hoch zu den Schultern, ohne jedoch zu verkrampfen und lassen Sie dann die Atemluft wieder ausströmen und entspannen Sie sich.

Sie brauchen kein Zen-Meister zu werden und akrobatische Atemübungen beherrschen, aber mit einfachen Atemübungen können Sie Ihre Motorik, Ihren Spannungszustand, Ihre Haltung sowie Ihre Körperfunktionen und Gedanken beeinflussen, ohne großes Aufsehen zu erregen. Ziel von Atemübungen ist es daher einerseits, dass Sie sich Ihrer Atmung bewusst werden und andererseits der damit einhergehenden Anspannungs- und Entspannungsvorgänge, dass Sie Ihre Atmung so weit beeinflussen und regulieren können, dass Sie zu Ihrer körperlichen und geistigen Entspannung beiträgt. Weiter soll Ihnen der Unterschied zwischen Brust- und Bauchatmung bewusst werden und bei regelmäßigem Üben auch die Verlagerung von der Brust- zur Bauchatmung gelingen.

Atemübungen:

- **Atmung beobachten und spüren:** Verfolgen Sie einfach Ihren Atem. Verändern Sie nichts, atmen Sie nicht bewusst.
  Spüren Sie die Atembewegung in Ihrem Körper. Welche Körperteile heben bzw. senken sich stark, welche wenig? Kontrollieren Sie Ihr Gefühl mit Ihren Händen: Fühlen Sie die Atembewegungen von Ihren Schultern bis zu Ihrem Bauch. Vergessen Sie auch Ihre Seite und den Rücken nicht!
  Fühlen Sie, wie und wohin Ihr Atem fließt. Verfolgen Sie den Atemstrom vom Einatmen (Mund/Nase) über die Lungen bis hin zum Ausatmen.
  Diese Übung können Sie jederzeit durchführen. Werden Sie sich Ihrer Atmung in verschiedenen Situationen einfach einmal bewusst. Erst dann können Sie auch etwas ändern!
- **Brust- und Bauchatmung:** Atmen Sie nun bewusst ein, sodass sich Ihre Brust hebt und weitet. Fühlen Sie die Atmung in Ihrer Brust, spüren Sie die Spannung. Atmen Sie dann wieder aus. Lösen Sie die Spannung in Ihrer Brust, sie senkt sich wieder und Entspannung kann sich ausweiten.
  Wiederholen Sie dieses bewusste Ein- und Ausatmen einige Male und achten Sie auf Ihr Gefühl von An- und Entspannung im Brustraum.
  Atmen Sie nun bewusst so ein, dass sich der Bauch hebt und ausdehnt. Fühlen Sie jetzt die Spannung in Ihrem Bauch! Mit dem Ausatmen senkt sich Ihre Bauchdecke wieder, die Luft strömt aus und Ihr Bauchraum und das Zwerchfell können sich entspannen.
  Auch diese Übung sollten Sie mehrmals wiederholen. Vergleichen Sie dann die Brustatmung mit der Bauchatmung. Wie war das Gefühl? Was war angenehmer? Sie können bei dieser Übung auch Ihre Hände zur Hilfe nehmen und die Atmung verstärkt über ihre Hände spürbar machen. Legen Sie Ihre rechte Hand auf den Bauch, Ihre linke auf die Brust. Bei der Zwerchfellatmung hebt sich nur die rechte Hand, während sich bei der Brustatmung die linke Hand hebt.

- Stellen Sie sich beim Einatmen vor, Ihren Bauch wie einen Ballon aufzublasen, beim Ausatmen lassen Sie die Luft allmählich aus dem Ballon wieder ausströmen. Spüren Sie dabei, wie der vorgestellte Ballon beim Betasten immer weicher wird. In einem weiteren Schritt atmen Sie tief ein und spannen alle Muskeln an. Lassen Sie anschließend die Atemluft gleichmäßig durch den halb geöffneten Mund ausströmen und spüren dabei, wie sich die Muskulatur lockert und entspannt.
- Denken Sie beim Einatmen, Ihr Bauch sei ein Blasebalg, der sich mit Luft füllt (die Bauchdecke hebt sich). Beim Ausatmen stellen Sie sich vor, wie die Luft aus dem Blasebalg herausströmt, die Bauchdecke senkt sich wieder.
- **Verstärktes Ausatmen:** Atmen Sie durch die Nase ein und durch leicht geöffnete Lippen wieder aus. Zählen Sie, wie viele Sekunden bzw. Herzschläge Sie normalerweise einatmen bzw. ausatmen können. Bis zu welcher Zahl kommen Sie? Wie groß ist der Unterschied?
- **Doppelte Ausatmungslänge:** Atmen Sie doppelt so lang aus wie ein. Zählen Sie beim Einatmen innerlich 1-2 und beim Ausatmen 1-2-3-4. Sie können diese Übung auch beim Gehen in Verbindung mit Ihren Schritten machen.
- **Die Atemschleife:** Stellen Sie sich vor, wie beim Einatmen die Luft vom Steißbein, über die Wirbelsäule, bis hin zum Scheitel des Kopfes verläuft. Visualisieren Sie beim Ausatmen die Vorstellung, wie die Atemluft über Stirn, Gesicht, Brust, Nabel, Schambein läuft.
  Schließen Sie die Schleife und beginnen Sie die Einatmung wieder beim Steißbein.

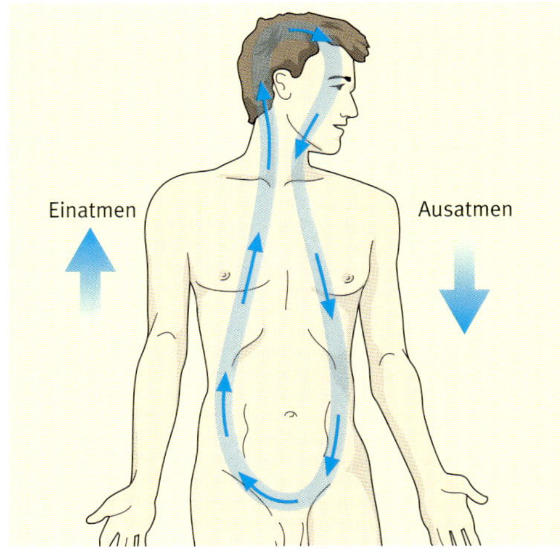

Die Atemschleife

Dadurch entsteht die so genannte Atemschleife.
- Lassen Sie die Atemluft über das rechte Nasenloch hinein- und über das linke Nasenloch wieder hinausströmen und beobachten Sie dabei, wie die Luft durch die Nasenkanäle fließt. Ein Zyklus umfasst die Ein- und Ausatmung. Zählen Sie die Zyklen bis zehn und wieder zurück bis eins.
- Atmen Sie ein und stellen Sie sich anschließend vor, dass Sie über die Ausatmung bestimmte Muskelgruppen lösen und entspannen. Sie lenken Ihre Aufmerksamkeit während der verlängerten Ausatmung z. B. auf die Nackenmuskulatur und spüren dabei, wie der Muskeltonus synchron zur Ausatmung abnimmt.
- **Kombiniertes Verfahren:** Atmen Sie ein und spannen Sie dabei alle Muskeln an. Bei der Ausatmung lösen Sie im Atemfluss auch die Muskelspannung. Sie können dieses Verfahren auch differenziert anwenden. So könnten Sie beispielsweise beim

Einatmen nur die Spannung im Oberkörper oder den Armen erhöhen, beim Ausatmen lassen Sie die Spannung wieder gemeinsam mit der ausgeatmeten Luft abklingen.

KONKRETE ANWENDUNG:

- Schätzen Sie Ihren Stresslevel auf einer Skala von eins (neutral) bis zehn (maximaler Stress) ein, und dies ganz konkret vor dem ersten Abschlag.
- Ab Stresslevel fünf müssen Sie Ihr Tempo bewusst verlangsamen. Kontrollieren Sie Ihre Verhaltensweisen.
- Werden Sie sich der angespannten Muskeln, beispielsweise Nacken, Stirn, Schulterbereich usw., bewusst, spannen Sie diese Muskeln rund fünf Sekunden an und lassen Sie diese anschließend spontan los.
- Atmen Sie drei Mal die Atemschleife bzw. wählen Sie sich Ihre bevorzugte Atemübung.
- Nehmen Sie anschließend den Schläger und kontrollieren Sie, wie fest Sie diesen halten. Erhöhen Sie die Intensität Ihres Griffs und schätzen Sie die unterschiedlichen Griffstärken ein (in Prozent auf einer Skala von 0 bis 100).
- Gehen Sie mit einer freudvollen Formulierung zum ersten Abschlag und genießen Sie ihn: »Locker und frei, ich bin dabei.« (siehe Seite 100)

Checkliste

Welche körperlichen Veränderungen, wie z. B. erhöhte Herzfrequenz, hohe Muskelspannung, oberflächliche Atmung, feuchte Hände, Übelkeit können Sie vor Ihrem ersten Abschlag feststellen?

In welcher Körperregion empfinden Sie den Stress am intensivsten? Was fühlen Sie dort genau (Druck, Stechen usw.)?

Suchen Sie Stress auch im Training!

FALLBEISPIEL

Training und Wettkampf sind zwei verschiedene Paar Schuhe, auch wenn die Entfernung zum Green dieselbe ist, der Schläger der gleiche und der Ball selbstverständlich auch. Dennoch gibt es genügend Golfer, die unter Trainingsbedingungen auf dem Golfplatz perfekte Schläge absolvieren, im Turnier aber ständig unter ihren Möglichkeiten bleiben.

Um effizienter auf den Turnierstress vorbereitet zu sein, sollten bereits im Training Maßnahmen ergriffen werden, die den Golfer unter Druck setzen. Diese sind beispielsweise Übungen unter klaren Vorgaben mit anschließenden Konsequenzen. Hinzu kommt, dass der Golfer lernt, seine eigene Leistungsfähigkeit richtig einschätzen zu können. Dies bewirkt, dass er mit realistischer Leistungserwartung in seine Turniere geht und nicht enttäuscht bzw. überrascht ist, was er dort zu Stande bringt. Bei speziellen Trainingseinheiten, die diesen Zweck verfolgen, können Ziele bzw. Vorgaben mit dem Trainer vereinbart werden, die auch unter Druck erreicht werden sollen. Turnierstress bewirkt auf Grund der körperlich-geistigen emotionalen Veränderungen ein völlig anderes technisches Verhalten des

Golfers. Vor allem geht das positive Gefühl und das Selbstwertgefühl, welches unter Trainings- bzw. Schokoladenbedingungen erworben wurde, fast gänzlich verloren. Um dieses gute Gefühl wieder hervorzurufen, sollte der Sportler in der Lage sein, sich in dieses hineinzuversetzen.
Nun geht es darum, dieses positive Gefühl bereits im Training unter Extrembedingungen aufrechtzuerhalten. Erschwerte Übungseinheiten können dabei helfen.
Geben Sie sich beispielsweise zehn Versuche, um aus einer gewissen Distanz einzulochen. Nun wird mit dem Trainer vereinbart, wie viele dieser Versuche erfolgreich abgeschlossen werden. Sie lernen dabei, sich selbst einzuschätzen und geben eine Zahl, z. B. fünf Putts, an. Der Trainer, der Ihre Leistungsstärke besser kennt, soll nun sachlich bewerten, ob Sie sich über- oder unterschätzen.
Nach Absprache kann die Anzahl der zu gelingenden Versuche nach oben oder unten korrigiert werden. Im Anschluss daran wird vereinbart, welche Auflagen Sie bei Nichterreichen des gesteckten Ziels erfüllen müssen.
Diese Konsequenzen sollen nutzbringend gewählt werden und keine sinnlose Bestrafung darstellen. Dennoch sollten sie einen eher unangenehmen Charakter haben. Beispielsweise könnten Sie so oft von vorne anfangen, bis Sie die fünf Putts erreicht haben.

25 Optimales Controlling – optimale Voraussetzung

Mit diesen Auflagen werden Sie vermehrt unter Druck gesetzt. Ihr Spannungsniveau steigt, die Gedanken beginnen zu kreisen, auch Ihr Verhalten kommt vergleichbaren Extremsituationen in Turnieren näher: Das Training wird zu einer Simulation des Wettkampfs mit psycho-physischen Komponenten. Um im Ernstfall besser mit dem Stress umgehen zu können, sollten Sie bereits im Training ein stabiles Vorbereitungsritual entwickeln.
Eine andere Trainingsart, bei der ebenfalls Konsequenzen bei Nichterreichen des Zieles ausgesprochen werden, setzt Sie noch mehr unter Druck. Dabei wird Ihnen während der Übungen ein einziger Schlag aus einer gewissen Distanz, aus einer gewissen Situation heraus, zugestanden. Der Schlag muss innerhalb einer vorgegebenen Zeit durchgeführt werden. Nur diese eine Aktion soll als die alles entscheidende des Trainings bewertet werden. Routinierte Golfer sollten sich

Checkliste

Vergleichen Sie Ihr Gefühl unter einfachen Bedingungen (z. B. auf der Übungsrunde) und auf Turnieren. Was macht den Unterschied aus?

Wem müssen Sie etwas beweisen?

Wer bzw. was legt Ihnen den blockierenden Druck auf?

Können Sie auch in Extremsituationen Spaß und Freude am Golfspiel haben?

Kommen Sie in Ihren optimalen Leistungszustand?

Welche Störfaktoren sind Ihnen unangenehm und mit welchen sollten Sie sich deshalb vermehrt auseinander setzen?

im Training diese Aufgaben erschweren. Während der Ausholbewegung kann Irritation durch Zurufen und Sprechen erzeugt werden. Es wird gelernt, durch stabile mentale Vorbereitungsstrategien, seinen optimalen Leistungszustand jederzeit abrufen zu können.

Wenn Sie sich auf dem Golfplatz befinden und wenig Betrieb herrscht, dann können Sie sich auch ein zeitliches Limit vorgeben, um die 18 Löcher zu spielen. Versuchen Sie, den Golfcourse in nur drei Stunden zu bewältigen, und lernen dabei, wie Sie unter Druck und Stress immer wieder kurzfristig Ruhe und Ausgeglichenheit herstellen müssen. Gleichzeitig handelt es sich um eine konditionell höhere Anforderung, mit der Sie umgehen müssen.

KONKRETE ANWENDUNG

- Überprüfen Sie, ob Sie die gleiche Leistungsstärke unter Trainingsbedingungen und im Wettkampf aufweisen können.
- Um in den optimalen Leistungszustand zu gelangen, trainieren Sie unter der Einwirkung von Störfaktoren bzw. setzen Sie sich zusätzlich unter Druck. Sie haben die Aufgabe, eine bestimmte Anzahl, z. B. fünf von acht Bällen in einen bestimmten Zielbereich unter Trainingsbedingungen zu platzieren. Sollten Sie diese Vorgabe nicht erreichen, stellen Sie sich vereinbarten Konsequenzen, die Sie entweder für sich selber festlegen oder aber mit dem Trainer absprechen, z. B. um die Driving Range laufen. Beherrschen Sie diese Übung, gehen Sie zum nächsten Schritt.
- Sie werden jetzt während derselben Aufgabe (von acht Bällen fünf in den vorgegebenen Bereich platzieren) vom Trainer permanent verbal gestört bzw. müssen die Bälle über ein Hindernis spielen. Sie sollen aus dem Gleichgewicht gebracht werden: Beherrschen Sie diese Übung, gehen Sie zum nächsten Schritt.
- Sie haben einen einzigen, entscheidenden Schlag zu absolvieren, beispielsweise einen Drive mit definiertem Zielbereich. Die Abschlagszeit kann für den Golfer auf Grund von Unterbrechungen verzögert werden. Weitere Störfaktoren können entwickelt werden.
- Sie lernen nach diesen Übungen unter erschwerten Trainingsbedingungen, sich realistisch für Turniere einzuschätzen. Sie lernen ebenfalls, sich mit möglichen Störfaktoren, die Sie in Ihr Training integrieren können, auseinander zu setzen.

Relaxation

Erholungs- und Entspannungsphasen

Viele Menschen haben heutzutage verlernt, innere Körpersignale wahrzunehmen. Sie verdrängen unbewusst jegliche Alarmsignale oder nehmen sie teilweise gar nicht mehr wahr. Unsere Sinnesorgane sind auf unsere Umwelt – nach außen – konzentriert. Sie werden von der Außenwelt mit Reizen überflutet. Dies führt zu einem Gewöhnungseffekt. Nur noch wenige Reize werden bis zum Bewusstsein weitergeleitet. Neben der Reizüberschwemmung von außen tritt der Gewöhnungseffekt auch bei körperinternen Reizen auf, wodurch die Bewusstseins- und die Toleranzschwelle für Alarmzeichen weiter erhöht wird. So kann eine Reizüberforderung, ausgelöst durch körperliche oder geistige Überbeanspruchung, die auf Grund von Wahrnehmungsdefiziten übertüncht wurde, psychosomatische Auswirkungen zur Folge haben. Das harmonische Zusammenspiel und das Wechselspiel der Ebenen Motorik/Verhalten (Muskulatur), Spannung/Erregung (vegetatives Nervensystem), Gedanken/Bewertung (Bewusstsein) und der Gefühlsebene (kinästhetische und emotionale Ebene) ist gestört. Die Herstellung des psychophysischen Gleichgewichtes erfordert einerseits eine qualitative Besserung der Wahrnehmungsfähigkeit von externen und internen Reizen zur Erkennung von Alarmsignalen sowie auch eine bewusste Auseinandersetzung mit und Verarbeitung dieser Störfaktoren.

Der optimale Leistungszustand setzt im Wesentlichen ein ausgewogenes Verhältnis von Belastung und Erholung voraus. Die richtige Abstimmung der Erholungs- bzw. Entspannungsphasen bestimmt maßgeblich die Qualität der körperlichen und geistigen Wiederherstellungsprozesse und somit die sportliche Weiterentwicklung. Neben regenerativen Maßnahmen wie Dehnungsübungen, lockeres Laufen, Massage, Sauna und gezielte Ernährung (z. B. zum Auffüllen verbrauchter Glykogenspeicher) kann die Wirkung der Erholung durch bewährte Relaxationstechniken deutlich verbessert werden. Obwohl die verschiedenen Methoden über unterschiedliche Ansätze und Zugänge auf die Ebenen der Befindlichkeit des Menschen einwirken, zeigen sich doch sehr ähnliche Entspannungsreaktionen. Herz-, Atemfrequenz und Blutdruck sinken, die elektrisch gemessene Hirnaktivität verändert sich, es kommt zu einer Beruhigung des gesamten vegetativen Systems. Weiterhin sinkt der Muskeltonus, An- und Verspannungen werden leichter wahrgenommen und lösen sich. Entspannung beeinflusst den Wiederherstellungsprozess unserer Skelettmuskulatur positiv. Neben den physiologischen Vorteilen von Entspannungstechniken gibt es auch zahlreiche positive kognitive Reaktionen zur Förderung von Aufnahme- und Verarbeitungsprozessen. Maßnahmen zur Förderung von Spannungsabbau bzw. -kontrolle führen in Stresssituationen zu einer verbesserten Befindlichkeit und damit verbunden zu einer erhöhten Leistungsfähigkeit. Es gilt für den erfolgreichen Golfspieler, die optimale Harmonie zwischen Aktion und Relaxation herzustellen – die Philosophie »Neuer Schlag, neues Spiel!« kommt hier voll und ganz zum Tragen. Daher merken Sie sich: Ein Turnier wird hauptsächlich in den Pausen zwischen den Schlägen gewonnen!

Machen Sie mal Pause!

FALLBEISPIEL

Nach einem misslungenen Schlag wird der Ärger meistens in die Vorbereitung des neuen Schlages hineintransportiert. Das heißt, dass die Aufmerksamkeit zurück in die unmittelbare Vergangenheit wandert und gerade dort magisch durch Grübelgedanken, die unerwünschte Emotionen auslösen, festgehalten wird. Genauso gut kann der Fokus aber nach vorne, in die Zukunft gehen. Angst, dass ähnliche misslungene Schläge wieder auftreten werden und Gedanken, die analytisch die Auswirkungen auf das Ergebnis ausmalen, können ebenso auftreten. Wird über 18 Löcher dieses Vergangenheits- und Zukunftsdenken kombiniert mit den dazugehörigen Emotionen wie Ärger, Freude, Enttäuschung, Angst usw. aufrechterhalten, dann geht dies auf Kosten der psychophysischen Energie und führt unweigerlich zum Einbruch. Sie verlieren die Aufmerksamkeit und sehnen das Ende dieses Turniers herbei. Das Geheimnis, die psychophysische Energie über die Gesamtdauer eines Wettbewerbs aufrechterhalten zu können, liegt in einer effizienten Pausengestaltung. Diese ist wiederum die notwendige Voraussetzung, um die Philosophie »Neuer Schlag, neues Spiel!« umsetzen zu können.

Um die geistige Energie über einen möglichst langen Zeitraum aufrechterhalten zu können, ist es wichtig, zwischen den Schlägen Beruhigungsphasen einzubauen, bei denen Energie aufgetankt wird und der Aufmerksamkeitsfokus optimal auf den neuen Schlag gelenkt wird. Sie benötigen eine klare Struktur in Ihrem Pausenverhalten, da ansonsten der Zeitraum zwischen den Schlägen keinem stabilen Vorbereitungsrhythmus unterliegt und mitunter sehr viel Energie kosten kann. Darum eignet sich das so genannte Vierphasenprinzip für die notwendigen Regenerationsphasen zwischen den einzelnen Schlägen, um für jeden Schlag den optimalen Leistungszustand abrufen zu können.

Die Phasen sind: 1. Beruhigungsphase. 2. Analysephase und Strategieplanung. 3. Verinnerlichungsphase. 4. Übergang in die Pre-Shot-Routine-Phase.

Beruhigungsphase

Für jeden Golfer gilt nach jedem Schlag die Regel: Beruhigen Sie sich, gewinnen Sie Abstand von Emotionen. In dieser Phase sollte der Golfspieler kurzfristig seine Aufmerksamkeit vom Golfspiel ablenken. Von den Emotionen des Spiels soll schnell auf die Landschaft, die Natur, das Gefühl beim Weitergehen umgeschaltet werden. Muskelgruppen und Verhaltensweisen, die im Stress zu Verkrampfungen und typischen Verhaltensmustern führen, beispielsweise steifer Nacken und hochgezogene Schultern, sollen über eine verlängerte Ausatmung gelockert bzw. gesenkt werden. Auch das Ruhebild, der Gedanke an eine entspannende Situation, kann in dieser Phase sehr nützlich sein.

Analysephase und Strategieplanung

Nach der Beruhigungsphase folgt die Analyse der bestehenden Situation. Sie nehmen wahr, wo und wie der Ball liegt. Dann überlegen Sie strategisch, wie und wohin Sie den Ball spielen wollen und beziehen Faktoren wie Wind, Gefälle sowie die Beschaffenheit des Rasens in Ihre Überlegungen mit ein. Danach wählen Sie den Schläger aus.

Verinnerlichungsphase und Pre-Shot-Routine

Beruhigungs-, Analyse- und Strategiephase sollen in die Verinnerlichungsphase übergehen. Nun spielen Sie mental unter Einbeziehung sämtlicher Sinnesorgane den Schlag durch und versuchen dabei auch, die notwendigen positiven Gefühle abzurufen. Die Verinnerlichungsphase geht nun über in die Pre-Shot-Routine-Phase. Wir sprechen hier von der unmittelbaren Schlagvorbereitung. Die Vorbereitungsrituale wie Imitationsübungen sollen den optimalen Aktivierungszustand für den tranceähnlichen optimalen Leistungszustand erwirken. Das Spannungs- bzw. Erregungsbarometer ist nun im Soll-Bereich. Rhythmische Bewegungen, die den Schlag vorbereiten, sollen die Funktion einer meditativen Technik erfüllen. Der Golfer akzeptiert in diesem Moment jegliche Störfaktoren – je besser er die Technik beherrscht, desto zielorientierter ist sein Fokus auf die bevorstehende Handlung gerichtet. Angestrebt wird, dass die zielgerichtete Aufmerksamkeit des Golfers durch nichts und niemanden gestört werden kann. Die Aufmerksamkeit ist nun im Hier und Jetzt.

Checkliste

Können Sie unmittelbar nach einem Golfschlag in einen entspannten, gelassenen Zustand übergehen, Ihre Atmung und Ihre Körperhaltung kontrollieren?

Können Sie Ihre Aufmerksamkeit kurzfristig vom Golfspiel ablenken und in einer Analysephase wieder auf das Wesentliche umschalten, um die notwendigen Strategien für den neuen Schlag festzulegen?

Können Sie sich in das Gefühl eines Golfschlages sowohl kinästhetisch als auch emotional dermaßen hineinversetzen, dass Sie diese Handlung mental verinnerlichen?

Kennen Sie Ihren optimalen Spannungszustand, den Sie in der Pre-Shot-Routine erreichen sollen, überhaupt? Haben Sie Ihren Rhythmus für den konkreten Ablauf in der unmittelbaren Schlagvorbereitung schon gefunden?

KONKRETE ANWENDUNG

- Nachdem der Schlag physisch und psychisch abgeschlossen ist, beginnt die Beruhigungsphase. Diese kann eingeleitet werden, indem Sie dreimal entspannt durchatmen. Anschließend folgt eine kurze muskuläre Anspannung, indem die Schultern nach oben gezogen und die Arme fest angespannt werden. Halten Sie diese Position zirka für fünf Sekunden, lassen Sie anschließend wieder abrupt los und nehmen das neue Spannungsgefühl bewusst wahr. Versetzen Sie sich jetzt für wenige Sekunden in Ihr Ruhebild (vergl. Seite 86).
- Während Sie sich auf dem Weg zum Golfball befinden, lenken Sie Ihre Aufmerksamkeit auf das Gefühl in den Fußsohlen und wechseln dann die Aufmerksamkeit auf die Umgebung, auf die Natur. Nehmen

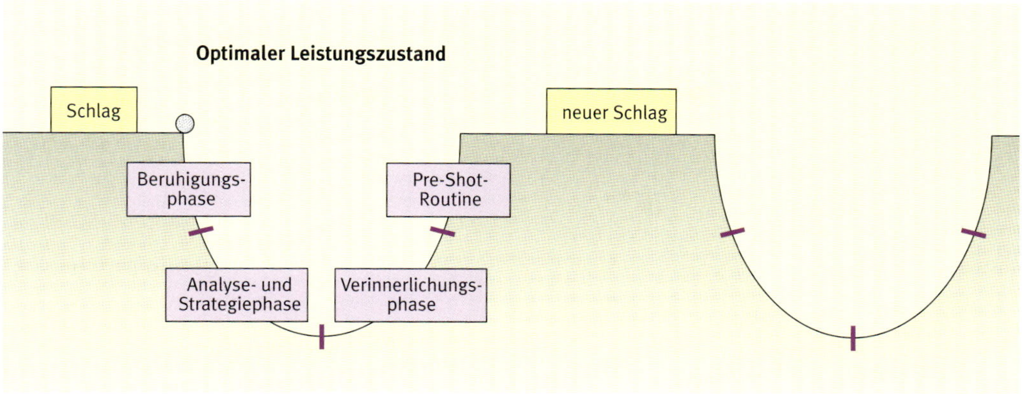

Grafische Darstellung der Pausengestaltung

Sie dabei Details Ihres Umfeldes ganz präzise wahr (wie Äste, Steine, Pflanzen etc).

- Noch während des Gehens beginnen Sie mit einer sachlichen Einschätzung der Position des Balles, der Entfernung zum Green, Sie denken über die Schlägerwahl nach und stellen strategische Überlegungen an. Nun verinnerlichen Sie die Strategie durch gedankliches Nachvollziehen des Schlages in der Innenperspektive.

26 Festlegung der Strategie auf dem Weg zum nächsten Schlag

- In der Pre-Shot-Routine-Phase soll es Ihnen nun gelingen, in einen meditativen Zustand zu gelangen, indem Sie nur auf sich selbst und auf die Handlung fokussiert sind, äußere Faktoren einfach akzeptiert und gelassen zur Kenntnis nehmen. Sie gelangen nun in den optimalen Aktivierungs- und Erregungszustand (siehe Kapitel *Pre-Shot-Routine* ab Seite 130).

Beruhigen Sie sich, wenn es darauf ankommt!

FALLBEISPIEL

Nach dem Schlag tendieren Sie dazu, viel Energie auf Grund Ihrer Emotionen zu verbrauchen: Freude, Ärger, Enttäuschung. Gedanken verstärken diesen Kreislauf, der sich auch im Verhalten und im muskulären Spannungszustand widerspiegelt. Sie werden empfänglich für Ablenkungen und verlieren Ihren Lauf.

DAS RUHEBILD

Um sein Spannungsbarometer wieder zu regulieren, hat sich das Ruhebild bewährt. Darunter versteht man das intensive und wirklichkeitsgetreue Vorstellen einer erholsamen Situation. Um diese innerlich nachvollziehen zu können, sollen möglichst viele Sinnesorgane in die Vorstellung mit einbezogen werden. Besondere Bedeutung soll dabei sowohl auf die gefühlsmäßige emotionale Wiedererinnerung (klassische Konditionierung) der erholsamen Situation als auch auf die Wahrnehmung der kinästhetischen Empfindung (Körpergefühl in einer bestimmten Position, beispielsweise beim Liegen, während Bewegungen) gelegt werden. Es handelt sich beim Ruhebild um einen Wiedererinnerungsprozess, der sowohl über die Emotion als auch über die kinästhetische Wahrnehmung definiert wird. Die dafür verantwortlichen Rezeptoren in den Muskeln, Sehnen und Bändern werden über die Vorstellung aktiviert. Das Ruhebild soll in dieser Erinnerung wirklichkeitsgetreu erlebt werden können.

Beherrscht der Golfer diese Fertigkeit, ist er einen großen Schritt vorangekommen. Er kann sich nun zum Ziel setzen, bei jeder neu erscheinenden Wahrnehmung von Unruhe sein Ruhebild »einzuschalten«. In der Praxis kann das so aussehen: Der Golfspieler bemerkt nach seinem Schlag, dass er unruhig und hektisch wird. Um nicht weitere wertvolle Energie zu verschwenden, ruft er sein Ruhebild ab, indem er ein taktiles Zeichen, einen Anker setzt: Zum Beispiel den Tragriemen des Bags mit den Händen umschließt, einen tiefen Atemzug nimmt, sein Codewort spricht und sich mental an seinen Ort der Erholung, der Geborgenheit versetzt. Der Golfer entfernt sich bewusst aus dem Hier und Jetzt und »beamt« sich sozusagen an einen Ort und somit in ein Gefühl der Erholung, der Entspannung, der Freiheit. Dieser Vorgang kann auch durchgeführt werden, wenn kurzfristige Unruhephasen während der Bewegung auf dem Golfplatz oder in der Schlagvorbereitung bzw. nach dem Golfschlag auftreten. Ein gut eintrainiertes Ruhebild ermöglicht dem Golfer, innerhalb weniger Sekunden seinen optimalen Spannungsbereich zu erreichen. Eine wesentliche Rolle für die Qualität des Ruhebildes stellen die Analysatoren dar. Analysatoren sind Sinnesorgane, die mit kleinen Rezeptoren für die Informationsauf-

Tipps

Übungen zur Verbesserung der Vorstellungsqualität

1 **Training des optischen Analysators**

Stellen Sie sich das erste Loch in Ihrem Heimatclub vor und versuchen Sie, visuell alle wesentlichen Details nachzuvollziehen, bis hin zu Ihrem Golfschläger, den Sie in der Hand haben, wie Sie den Ball aufteen, bis Sie sich selber ganz klar von außen betrachten können: wie Sie aussehen, wie Sie sich locker und entspannt bewegen.

2 **Training des taktilen Analysators**

Stellen Sie sich vor, wie es sich anfühlt, den Schläger zu halten. Fühlen Sie den Griff und variieren Sie in der Vorstellung die Stärke Ihres Griffes. Wie fühlt es sich an, wenn Sie mit den Golfschuhen auf dem Rasen stehen? Fühlen Sie mit den Händen die Oberflächenbeschaffenheit des Rasens.

3 **Training des Geruchssinnes**

Versuchen Sie den Geruch auf Ihrem Golfplatz wahrzunehmen. Unterscheidet er sich von anderen?

4 **Training des kinästhetischen Analysators**

Nehmen Sie das Gefühl bei einem Schlag sehr detailliert wahr. Welche Muskeln sind locker, welche angespannt? Unterliegt Ihr Golfschlag einem bestimmten Rhythmus?

27 Ein fester Griff zur Schlagvorbereitung

nahme verantwortlich sind. Die Informationen werden umcodiert und anschließend über zuständige Nervenbahnen dem Informations-Verarbeitungssystem zugänglich gemacht. Diese Eindrücke lösen Empfindungen und Gefühle aus und spielen eine wesentliche Rolle bei der Informationsumsetzung durch die zuständige Muskulatur. Beim mentalen Training spielt die Wiedererinnerung dieser Sinneseindrücke über die projizierten Bilder in der Vorstellung eine wesentliche Rolle für die Qualität der Vorstellung. Nur eine hohe Vorstellungsqualität, d.h. das lebhafte und gefühlsbetonte Wiedererinnern, setzt Muskelaktivität frei und kommt der tatsächlichen realen Empfindung nahe.

Das Ruhebild unter Einbeziehung sämtlicher Sinnesorgane kann somit in der Vorstellung auch sehr kurzfristig einen hohen Erholungswert bringen.

Das Ruhebild hat sowohl auf die psychische als auch physische Entspannung positive Effekte. Psychische Entspannung meint, negative Gedanken und Prozesse und damit verbundene Gefühle zu beruhigen und zu kontrollieren. Physische Entspannung meint, organische Auswirkungen wie erhöhte Herzfrequenz, Blutdruck, erhöhten Muskeltonus, Adrenalinausstoß zu reduzieren. Die Qualität der einzelnen Sinnesempfindungen ist letztendlich entscheidend für die Qualität der Entspannung. Das folgende Beispiel soll den Umgang mit dem Ruhebild verdeutlichen:

Der Golfer stellt sich das Ruhebild »Liegen am Strand« aus der Innenperspektive vor. Zuerst versucht er, sich die Umgebung mög-

Tipp

Zur besseren Verinnerlichung sollte das Ruhebild gezeichnet werden.

lichst detailliert vorzustellen. Er erinnert sich an die Farbe des Meeres, des Himmels, des Sandes, auf dem er liegt sowie die Position der Sonne (optischer Analysator). Dann hört er die Wellen rauschen (akustischer Analysator). Er spürt den warmen Sand, die Körperteile im Sand (taktiler Analysator). Er nimmt das Gefühl der Entspannung in dieser Situation wahr. Seine Muskeln sind locker, gelöst, die Extremitäten in angenehmer Position (kinästhetischer Analysator). Er fühlt sich frei, zufrieden, glücklich und empfindet große innere Freude.
Es steht dabei nicht die einwandfreie Ausarbeitung des Bildes im Vordergrund, sondern vielmehr die mentale Auseinandersetzung und das Hineinversetzen in die Erinnerung.
Durch die exakte Erinnerung des optischen Analysators entsteht ein Wechselwirkungsprozess aller an der Erinnerung beteiligten Systeme (Rezeptoren), und die im Langzeitgedächtnis eingespeicherte, auf Gefühlen basierende Wahrnehmung kann dadurch schneller, auch unter Stress verursachenden Situationen, »hervorgeholt« werden.
Das gewählte Ruhebild sollte täglich zweimal zwischen drei und fünf Minuten trainiert werden. Wenn es automatisiert und stabilisiert ist, sollte es jederzeit abgerufen werden können, auch in Situationen mit Störfaktoren wie lärmenden Flightpartnern oder auf schwierig zu spielenden Golfplätzen. Ist das Ruhebild einmal automatisiert, reichen zehn bis zwanzig Sekunden Verweildauer in dieser angenehmen Situation aus, um einen beruhigenden Effekt zu erzielen. Dann ist es weiterhin möglich, die Vorstellung unter schwierigen Bedingungen zu schulen, denn letztendlich sollte das Ruhebild mit offenen Augen jederzeit abrufbar sein und zwar in Sekundenbruchteilen, um das Spannungsbarometer schnellstmöglich in den optimalen Bereich zu bringen.

Checkliste

Können Sie sich, wann immer Sie wollen, mental an Ihren Urlaubsort oder an einen geeigneten Ort der Geborgenheit versetzen?

Können Sie gegebenenfalls jederzeit bewusst zur Handlung zurückkehren und wieder umschalten?

Schweifen Ihre Gedanken unkontrolliert in die Vergangenheit oder in die Zukunft ab?

Verlieren Sie dadurch Ihre Aufmerksamkeit?

KONKRETE ANWENDUNG:

- Sie fühlen Sich unruhig und spüren, wie Ihr Spannungsbarometer nach oben steigt. Um sich kurzfristig beruhigen zu können, gehen Sie wie folgt vor:

Das optimale Niveau liegt zwischen 4 und 6.

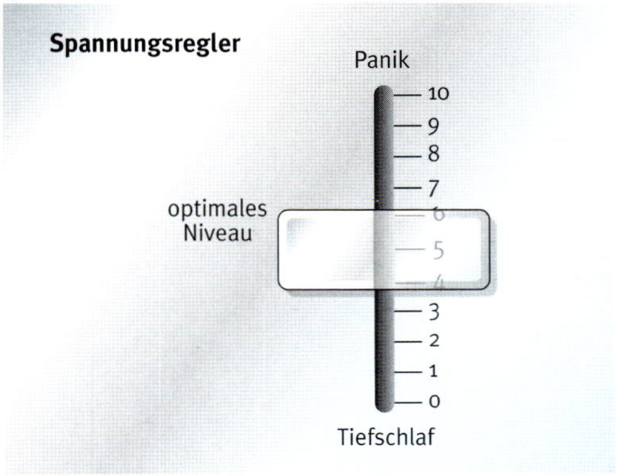

28 Entspannte Atmosphäre zur Spannungsregulation

- Sie umschließen mit den Händen den Tragegurt Ihres Golfbags und drücken diesen zusammen. Sie atmen tief durch und sprechen Ihr Codewort: »Relax!«. Versetzen Sie sich in Ihr Ruhebild.
- Verharren Sie so lange in Ihrem Ruhebild, bis Sie merken, dass Ihre Spannung spürbar in Richtung des optimalen Leistungszustandes sinkt.
- Dieser Ablauf sollte regelmäßig unter Trainingsbedingungen geübt werden, bis der Prozess automatisiert wird. Dann sind Sie auch in der Lage, dies in Turniersituationen anzuwenden.
- Nutzen Sie das Ruhebild auch als Einstieg für das Vorstellungstraining bzw. als Regenerationsmaßnahme.

Lächeln befreit!

FALLBEISPIEL

In der Pause zwischen zwei Schlägen tendieren Sie bei ungünstigem Spielverlauf zu Grübelkreisläufen. Es entstehen negative Gedanken, die sich auch auf Gestik und Mimik auswirken. Um dem entgegenzuwirken, kann über das Verhalten »Lächeln« Entspannung gefördert werden. Lächeln steht in Verbindung mit Freude und Heiterkeit und ist eine Konditionierung.

Bereits ein kurzes Hochziehen der Mundwinkel bewirkt erstens eine Entspannung der Muskulatur und zweitens eine heitere,

auflockernde Grundstimmung: Lächeln erinnert an Fröhlichkeit! Ein lockeres, befreites Gefühl stellt sich dabei im ganzen Körper ein. Sie sollten daher ein leichtes Lächeln in Ihr Vorbereitungsritual auf den Golfschlag integrieren und dieses automatisieren. Setzen Sie sich einen besonderen Marker, wie beispielsweise einen »Smiley« auf das Golfbag, der Sie ständig und liebenswürdig an das lächelnde Verhalten erinnert. Wenn Sie dies sehr gut trainiert, integriert und automatisiert haben, dann genügt Ihnen bereits die Vorstellung, ein »Lächeln nach innen«, um Ihren gesamten Bewegungsablauf locker und flüssig zu gestalten. Verkrampfte Sportler kann man bereits an deren Gesichtszügen erkennen!
Negative Gedanken und zu hoher Erwartungsdruck wirken sich auf unsere Verhaltensebene aus. Verschiedene Muskeln beginnen sich anzuspannen und zu verkrampfen. Das Zusammenspiel der an den Bewegungen beteiligten Muskelgruppen, die für einen runden und rhythmischen Bewegungsablauf verantwortlich sind, gerät ins Stocken, der Bewegungsfluss geht verloren, und das Ergebnis wird zum Zufallsprodukt. Die Muskelspannung ist viel zu hoch, und die falschen Muskeln sind zum falschen Augenblick aktiviert. Ein wesentlicher Beitrag, um die Muskulatur zu lockern, unsere Stimmung zu verbessern und aufzuheitern, kommt dabei der Stirnmuskulatur zu. Hier liegen auf Grund von Biofeedback-Untersuchungen Ergebnisse vor, nach denen sich die Entspannung dieser Muskeln schnell auf andere Muskelgruppen überträgt. Diesen positiven Aspekt macht man sich beispielsweise auch bei der Spannungskopfschmerz-Therapie zu Nutze.

Beim Lachen werden bestimmte Muskelgruppen im Gesicht bewegt, wie der große Jochbeinmuskel (er hebt den Mundwinkel nach oben, seitlich, in der Mimik drückt seine Kontraktion Lachen oder Vergnügen aus), der kleine Jochbeinmuskel, der Lachmuskel (diese werden insgesamt als Lachmuskeln bezeichnet, in der Mimik drückt sich ihre Kontraktion dermaßen aus, dass ein Gesichtsausdruck des Handelns entsteht), der Backen- oder Trompetermuskel (ermöglicht das Ausblasen der Luft, zieht die Mundwinkel nach außen und sorgt für faltenlose Ausbreitung der Wangenschleimhaut, wirkt bei Lachen und Weinen mit, Gesichtsausdruck zeigt Genugtuung). Durch das Bewegen dieser Muskeln wird ein positives Signal direkt zum Großhirn geleitet. Das Verhalten »Lächeln« löst in unserem Gehirn

29 Lächeln durchbricht negative Kreisläufe.

Erinnerungen aus, die bis in die Kindheit zurückgehen und positiv heiter besetzt sind. Das heißt, wir aktivieren über ein Verhalten unseren Selbstregulationsmechanismus, die Erfahrungen unseres Lebens. Bereits nach wenigen Sekunden werden negative Gefühle von positiven überlagert.
Die Aktivierung der Gesichtsmuskeln sollte in Anlehnung an die Progressive Muskelrelaxation (siehe Seite 69) erfolgen. Hier werden einzelne Muskelgruppen rund fünf Sekunden angespannt bzw. aktiviert und anschließend wieder losgelassen. Die Atmung wird auch während der Anspannung ruhig fortgeführt. Das Loslassen erfolgt spontan. Im Anschluss daran wird der Unterschied der zuvor angespannten und danach entspannten Muskeln differenziert wahrgenommen.
Sie sollten fähig sein, eine Gesichtsdiagnostik durchzuführen, Ihren Gesichtsausdruck zu kontrollieren, diesen in negativ besetzten Stresssituationen zu verändern und in einen entspannten, lockeren, optimistischen »umzuwandeln«. Gerade jene Muskeln, die ohnehin schon in ungünstigen Momenten angespannt sind, sollen hier paradoxerweise noch mehr angespannt werden. Anschließend sollen sie losgelassen werden. Locker und weich wird der harmonische Zustand wieder hergestellt.
Um die Maßnahme »Lächeln« jederzeit anwenden zu können, sollten Marker gesetzt bzw. alltägliche Verhaltensrituale mit dieser Maßnahme gekoppelt werden. Sie können beispielsweise ein rundes lächelndes Gesicht auf Ihrem Arbeitstisch, in der Geldtasche, auf dem Telefon, aber auch am Golfbag anbringen. Auch minutenlanges Lachtraining nach dem Aufstehen vor dem Spiegel ist eine geeignete Trainingsmaßnahme. Sie können aber auch Ihr Lächeln oder ein kurzes Lachen vor jedem Golfschlag in Ihr Vorbereitungsritual integrieren.
Lächeln und Lachen hilft aber nicht nur auf dem Golfplatz. Sprichwörter und Sätze wie: »Lächle, und die Welt lächelt zurück« oder »Humor ist der Gegenspieler der Angst« (ausgesprochen von Viktor Frankl, einem der Urväter der Lachtherapie) kommen nicht von ungefähr. »Lachen ist die beste Medizin!«, haben uns auch schon unsere Mütter gesagt. Diese Erfahrung ist nicht neu, sie hat sich über Jahrtausende hinweg bestätigt, auch wenn die Gelotologie, die Lachwissenschaft, lediglich rund 40 Jahre alt ist. Lachen steigert die Anzahl der Abwehrzellen. Lachen senkt die Produktion von Cortisol, des Wachstumshormons und von Adrenalin (alles Stresshormone). Lachen fördert die Ausschüttung stimmungsaufhellender Botenstoffe, regt die Produktion schmerzstillender Endorphine an, steigert den Herzschlag, beschleunigt die Atmung, verbessert den Blutdruck, massiert den Darm über das vibrierende Zwerchfell, schützt die Blutgefäße, kräftigt die Skelettmuskulatur und sorgt durch die ihm folgende Entspannungsphase für ein herrliches Wohlgefühl.
Allerdings: Unsere Leistungsgesellschaft hat das Lachen verlernt. Konkurrenzdruck, Neid, Anspannung stehen im Vordergrund. Lachen? Lachen ist nicht nur positiv, sondern gleichermaßen auch negativ besetzt. Lachen heißt auch »aus-lachen« oder »ausgelacht« werden. Lachen wird in Verbindung mit Sätzen gebracht wie: »Wo gelacht wird, wird nicht gearbeitet« oder »Ein

humorvoller Chef ist keine Führungspersönlichkeit.« Dabei muss der Angst trotzig ins Gesicht gelacht werden, es muss Mut zur eigenen Lächerlichkeit entwickelt werden. Lachen, Humor und fröhliches Auftreten können in einer Unternehmenskultur einen wesentlichen Beitrag zur Motivationssteigerung der Angestellten liefern.

Unter dem Druck der Anpassung verschüttete Kanäle zur eigenen ungebremsten Lebenskraft und Kindlichkeit werden laut Frankl wieder geöffnet. Alles kommt in Fluss. Vor allem der Atem. Ängstliche Menschen atmen zu flach und zu kurz. Lachen vertieft und verlängert die Einatmung, während es die Ausatmung verkürzt, dennoch aber intensiviert.

Scham, Mangel an Selbstwertgefühl, Angst, Wut, Neurosen und Depressionen führen in einen negativen Kreislauf, der durch Lachen durchbrochen werden kann. Die Abläufe im Körper werden wieder normalisiert, der Heilprozess in Gang gebracht. Lachen öffnet Türen, macht sympathisch, attraktiv, steigert Kreativität und Vergnügen. Noch ein Satz über das Lachen, vom Philosophen Albert Camus: »Die Fantasie tröstet die Menschen über das hinweg, was sie nicht sein können, und der Humor über das, was sie tatsächlich sind.«

Lächeln befreit!

Checkliste

Bevor Sie auf den Golfplatz gehen:

Haben Sie nochmals Ihre Gesichtsmuskulatur und die Lachmuskeln aktiviert?

Haben Sie den erwünschten, befreienden Seinszustand, der vom Kopf aus beginnt, hergestellt?

Haben Sie Ihren gesamten Körper gecheckt?

Sind auch alle anderen Muskeln zu einem Lächeln bereit?

Können Sie mit aufrechtem und selbstsicherem Verhalten die Herausforderung des Golfspiels in Angriff nehmen?

KONKRETE ANWENDUNG:

- Nehmen Sie sich Zeit für ein tägliches Lachtraining am Morgen vor dem Spiegel – Minimum: 30 Sekunden.
- Integrieren Sie in Ihr Vorbereitungsritual das Verhalten »Mundwinkel nach oben ziehen und lächeln«. Ein positives befreiendes Gefühl wird Sie dabei begleiten.
- Wenn Sie während des Golfspiels zu grübeln beginnen, weil Sie beispielsweise einen Ball ins »Aus« geschlagen haben, dann ziehen Sie unmittelbar danach die Mundwinkel nach oben und versuchen dadurch, Ihren Ärger zu neutralisieren.

Kombinieren Sie die Zornesfalten auf Ihrer Stirn, das Hochziehen ihrer Schultern mit einer verstärkten Anspannung und lösen Sie anschließend diese Anspannung mit einem befreiten Lächeln (siehe *Progressive Muskelrelaxation nach Jacobson,* Seite 69)

- Verstärken Sie die positive Erinnerung des Lachverhaltens, indem Sie einen »Smiley« auf der Golftasche anbringen und automatisch vor dem Schlag, im Anschluss an den Schlag und in der Pause einen Blick darauf werfen. Auf diese Art und Weise können Sie Ihre Lachmuskeln aktivieren. Sie können aber auch Fotos, Bilder, Cartoons oder Karikaturen mitführen und mit diesen Auslösern den Spaß am Tun verstärken.

Die Musik, Ihr Begleiter

Geschieht es Ihnen nicht auch zeitweise, dass Sie am Morgen aufstehen, das Radio anschalten (oder von diesem gar geweckt werden), ein bekanntes und lieb gewonnenes Lied hören und sich von dieser Melodie den gesamten Tag über nicht mehr lösen können? Ein Ohrwurm, der unterstützt, was ohnehin zutrifft:
Jede Bewegung im Leben, somit auch der Golfschwung, ist von einem individuellen Rhythmus geprägt. So kann die Imitation der Aktion auf dem Course durch die Musik verstärkt werden, so hilft aktivierende Musik beim Aufstehen, so beschleunigen

30 Techniktraining und mentales Training führen zum Erfolg

entspannende Klänge die Regeneration nach dem Spiel.
Untersuchungen zur Optimierung von emotionalen Prozessen durch Musik im Sport belegen, dass bei der Musikauswahl bestimmte Prinzipien zu berücksichtigen sind, um die erwünschten Effekte dauerhaft zu erzielen. Aktivierende Musik besitzt ein lebhaftes Tempo, schnell bis sehr schnell. Der Charakter dieser Musik kann heiter oder kämpferisch sein. Für »heiter« steht beschwingt, fröhlich, scherzhaft, ausgelassen, spritzig, übermütig, tänzerisch, temperamentvoll, jubilierend. Musik mit kämpferischem Charakter ist aufbegehrend, mitreißend, vorwärtsdrängend, stürmisch, kraftvoll. Entspannende Musikstücke sind ruhig, gelassen, gleichmäßig, harmonisch. Entspannende oder aktivierende/mobilisierende Musikeffekte können durch bestimmte Musikinstrumente verstärkt werden. Oboen, Englischhörner, Streichinstrumente (besonders Violoncelli) verstärken relaxierende Effekte. Der vorherrschende Einsatz von Tasteninstrumenten (Klavier, Orgel), von Schlaginstrumenten (Trommel, Pauken) und Blechblasinstrumenten (Trompeten, Hörner) verstärkt die Aktivierungseffekte.
Erfolgeiche Rock- und Popmusik, die es in den Charts auf die ersten Plätze schafft, aber doch nichts anderes als eine vorübergehende Erscheinung ist, besitzt bei mehrfacher Anwendung einen hohen Sättigungseffekt. Musik aus dem klassischen Repertoire oder dem Volksliedgut weist selbst bei mehrfach wiederholtem Einsatz positive Effekte auf. Für den Einsatz der Musik im Sport ist es von Vorteil, wenn mehrere Musikstücke im Wechsel eingesetzt werden können. Entspannungseffekte erfahren durch Musikeinwirkung eine günstige Unterstützung. In entspannter Liege- oder Sitzhaltung wandert die Wahrnehmung zwischen Musik und Körper hin und her. Ein Fokussieren auf die Gesamtbefindlichkeit erleichtert die Realisation der bildhaften Vorstellung der Entspannung. Erwünscht ist eine wechselseitige Beeinflussung zwischen Musikhören und eigenem Körpererleben, unerwünscht ist passive »Musikberieselung«.
Wenn Sie mit Musikeffekten arbeiten, sollten Sie immer einen Walkman oder tragbaren CD-Player bei sich haben, gleichzeitig aber auch vorbereitet sein, wenn diese Geräte einmal nicht zur Verfügung stehen. Dann sollten Sie über den akustischen Analysator in der Lage sein, die Erinnerung an Ihre Lieblingsmusik abzurufen und dazu zu summen oder zu pfeifen.

31 Ein gelungener Schlag

Emotion

Emotionen – seelische Phänomene

Emotion kommt von »Emotio« und heißt wörtlich: Herausbewegung. Emotionen sind Erlebnisse, die in Grund- bzw. Primärgefühlen, wie zum Beispiel Freude, Wut, Angst, Trauer und Interesse sowie in zahlreichen Gefühlskombinationen in Erscheinung treten können. Grundgefühle werden in allen Kulturen über die Mimik sehr ähnlich ausgedrückt. Bei den Emotionen handelt es sich dabei um Sinneswahrnehmungen, die über Erinnerungen und Erfahrungen geprägt werden. Emotionen sind meistens »Mischformen von Gefühlen« und können von verschiedenen äußeren und inneren Ereignissen ausgelöst werden. Gefühle drehen sich meistens um Lust oder Unlust, sind mit Zeichen körperlicher Erregung verbunden und durch eine anhaltende Spannung gekennzeichnet. Jede »seelische« Empfindung drückt sich auch als körperliches Gefühl aus. Freude, Angst, Wut spürt man auch in seinem Körper. Für die Entstehung dieser Emotionen können zwei Komponenten als ausschlaggebend angesehen werden:

- eine erhöhte unspezifische physiologische Erregung,
- Gedanken, die zur inhaltlichen Bewertung der Emotion beitragen. Darunter versteht man u.a. Gedanken über die Erwartung sowie über Konsequenzen.

Gefühle sind seelische Phänomene, die uns innerlich beschäftigen und in Verbindung mit sozialen Situationen auftreten. Sie beeinflussen immer auch unsere Vorstellungen und Fantasien und bestimmen daher maßgeblich die Qualität unserer Befindlichkeit.

Optimieren Sie Ihre Befindlichkeit!

FALLBEISPIEL

Der soeben ausgeführte Schlag ist Ihnen überaus gut gelungen. Sie freuen sich, weil Sie in der Situation aufgehen und weil Ihnen viele angenehme Erinnerungen durch den Kopf schießen. Fröhlich eilen Sie dem Ball hinterher. Doch weil Sie es zu eilig haben, misslingt der nächste Schlag. Sie geraten aus dem Rhythmus.

Der optimale Leistungszustand wird uns primär über einen Gefühlszustand bewusst. Ziel für eine gute Befindlichkeit ist es, dieses optimale Gefühl jederzeit herstellen zu können. Der optimale Leistungszustand wird als »Mischzustand«, der sich irgendwo auf dem Spektrum zwischen Angst und Langeweile einpendelt, definiert.
Zu viel Angst bewirkt auf den verschiedenen Ebenen Begleiterscheinungen, die den Golfer in seiner Leistung hemmen. Meistens kommt es dazu, wenn die Anforderungen zu hoch sind und die Fähigkeiten des Sportlers nicht ausreichen, um diese zu bewältigen. Bereits diese Vorstellung kann Angst auslösen. Ist das Anforderungsniveau zu gering, und der Sportler wird auf Grund seiner gut entwickelten Fähigkeiten ständig unterfordert, entstehen Langeweile und Unlust. Die optimalen Empfindungen werden häufig als Mischgefühl aus Freude, Neugier, Gelassenheit und Kampfbereitschaft definiert.
Diese Kombination von Gefühlen ist dafür verantwortlich, dass sich der Golfer wohl und sicher fühlt. Übersteigerte Freude, beispielsweise über den gelungenen Schlag,

beschleunigt Verhaltensweisen und kann ebenso wie Ärger zu Leichtsinnigkeit führen. Enttäuschung wiederum verlangsamt das Tempo, führt zu Rückzug und stört das optimale Timing. So kann eine zu hohe Dosis von bestimmten Emotionen das stabile Vorbereitungsritual eines Golfers behindern. Es kann außer Kontrolle geraten. Daher ist die Auseinandersetzung und die Aufarbeitung von Gefühlszuständen ein wichtiges Mittel der Emotionskontrolle. Um sich positiver Gefühle aus vergangenen Erfolgssituationen wieder bewusst zu werden, eignen sich Trance-Trainingsverfahren, bei denen im entspannten Zustand von einer aktuellen Problemsituation ausgegangen wird und über die Form der Regression Erfolgserlebnisse wieder aktualisiert werden. Gerade diese Koppelung von positiven und negativen Erinnerungen, die gedanklich hin- und hergeschaltet werden, führen zu einer Vermischung von Gefühlen, mit dem Ziel, dass in der Problemsituation ein neues Gefühl entsteht.

Eine Möglichkeit, um Gefühlszustände zu koppeln, ist folgendes Verfahren: Durch einen festgelegten Bereich (z. B. Gymnastikreifen, durch Kreide markiertes Areal, durch Gegenstände festgelegte Zonen) wird das gute Gefühl eines Golfturniers repräsentiert, und durch einen zweiten, daneben liegenden, das negative Gefühl eines misslungenen Wettbewerbs.

Zuerst betritt der Golfer negatives Terrain, versetzt sich in das unangenehme Gefühl einer misslungenen Konkurrenz und lässt dieses einwirken. Zur Verstärkung und Wiedererinnerung des unangenehmen Gefühls sollten einige Vorstellungsbilder verbalisiert werden.

32 Schlag für Schlag ...

33 Imaginative Trainingsformen fördern den optimalen Leistungszustand.

Anschließend bewegt sich der Golfer auf den positiven Bereich zu und lässt das angenehme Gefühl eines gelungenen Turniers auf sich einwirken. Um diesen Zustand zu verstärken, sollte er einige gelungene Aktionen verbalisieren, seine autosuggestive Formel fünfmal vorsprechen und mit einer entsprechenden Bewegung unterstützen. Folgende autosuggestive Formeln verwenden zum Beispiel Golfspieler von internationalem Niveau:

- Vom Start bis ins Ziel ist der Humor die Kraft in meinem Spiel.
- Mit Spaß entschlossen und emotional stabil vom Anfang bis zum Ende Golfspielen.
- Jeden Schlag mit Zufriedenheit ruhig, aber entschlossen spielen.
- Mit Leichtigkeit und Gleichmäßigkeit Golf genießen, Schlag für Schlag.
- Schlag für Schlag stark sein, entschlossen gelassen Golf genießen.
- Mit Spaß und Gelassenheit befreit Golf spielen.
- Schlag für Schlag mit Freude und Sicherheit locker Golf spielen.
- Schlag für Schlag konzentriert ruhig und locker Golf spielen.
- Schlag für Schlag mit Spaß Selbstvertrauen und Gelassenheit.
- Schlag für Schlag ruhig bereit und konzentriert Golf spielen.

Die Verknüpfung verschiedener Ebenen zur Installation der autosuggestiven Formel hat sich dabei besonders bewährt.

- Die autosuggestive Formel soll mit einem »Kürzel-Wort« definiert werden. Diese Formel kann nun in Kombination mit dem Codewort vorgesprochen werden.

- Die Erinnerung an eine erfolgreiche Golfrunde steht für die Gefühlsebene.
- Die motorische Handlung wie Faust ballen, Atemübung etc. soll die Erinnerung auslösen.

Nun lernt der Golfer selbst das erwünschte Gefühl herzustellen. Indem er vom negativen zum positiven Bereich wechselt, erhält er auch noch Sicherheit. Er weiß: Sollte während eines Turnier ein negatives Gefühl auftreten, ist er allein in der Lage, sich jederzeit umpolen und ein positives Gefühl abrufen zu können. Zumeist ist man von den Gefühlen gesteuert und steht diesen hilflos gegenüber. Mit diesem Verfahren kann dem Gefühl der Unsicherheit entgegengewirkt werden.

Imaginative Trainingsformen

Imaginative Trainingsformen werden eingesetzt, um dem Golfer das gedankliche Nachvollziehen seiner bisher erfolgreichsten sportlichen Ereignisse zu ermöglichen. Um vergangene optimale Leistungszustände lebhaft nachvollziehen, um das Innengefühl möglichst echt wahrnehmen zu können, spielt die Einbeziehung sämtlicher Sinnesorgane eine wesentliche Rolle. Ziel des Trainings ist es zu lernen, den optimalen Leistungszustand jederzeit abrufen und in einer neuen, oft unangenehmen Situation anwenden zu können. Durch diese Fähigkeit sollen optimale Handlungszustände jederzeit eingestellt und realisiert werden. Imaginative Zustände sprechen primär unsere unbewusste Ebene an und lösen somit Zustände des Seins aus; autosuggestive Formulierungen bzw. Wörter, die bestimmte Vorstellungen erwecken, rufen veränderte Gefühlszustände hervor. Als ein Mittel zur Realisierung dieser Seinszustände eignen sich besonders Fantasiereisen, fernöstliche Techniken und tranceähnliche Verfahren. Vorteilhaft sind insbesondere selbst zusammengestellte Formulierungen. Als Beispiel sollen an dieser Stelle zwei bewährte allgemein gültige Verfahren, die als Basisregulation Anwendung finden können, dargestellt werden.

Imaginative Verfahren:

»Evokative Wörter« (Wörter, die eine bestimmte Vorstellung auslösen) zur Förderung eigener Fähigkeiten wählen und sie verstärken.

Anleitung:

Manche Wörter in unserer Sprache »sprechen« uns besonders an. Es sind Wörter, die uns Kraft geben, wenn wir an sie denken. Wählen Sie sich aus dieser Aufzählung ein solches Wort aus, das Sie besonders »anspricht«: Aufmerksamkeit, Ausdauer, Begeisterung, Dankbarkeit, Einfachheit, Energie, Freiheit, Freude, Friede, Freundschaft, Geduld, Gelassenheit, Geborgenheit, Harmonie, Herzlichkeit, Humor, Kraft, Liebe, Mut, Ordnung, Ruhe, Schönheit, Selbstständigkeit, Stille, Verständnis, Vertrauen, Wärme, Wachstum.

Schreiben Sie das gewählte »Kraftwort« – oder ein für Sie passendes anderes – auf ein Blatt und malen Sie es. Die folgende Fantasiereise kann Ihnen helfen, dieses Wort noch besser verstehen zu lernen …

Setzen oder legen Sie sich dazu entspannt hin … Schließen Sie die Augen … Machen Sie es sich noch ein wenig bequemer … Ihr Atem geht ruhig und gleichmäßig … Bei jedem Ausatmen breitet sich dabei die Entspannung allmählich aus: im Gesicht, in den

Schultern, in den Armen und Händen ... Sie werden immer ruhiger ... Die Spannung weicht aus Ihrem Bauch, aus den Beinen, aus den Füßen ... Sie sind entspannt, gelöst, gelassen ...
Stellen Sie sich Ihr »Kraftwort« geschrieben vor: ... In einer ganz besonderen Schrift ... Mit Ihren Lieblingsfarben ... Hören Sie den Klang des Wortes in sich ... Spüren Sie nun, wie sich dieses Wort anfühlt ... Lassen Sie dieses Wort in Ihrem Körper wachsen ... Verändern Sie vielleicht ein wenig Ihre Haltung, wie sie zu diesem Wort passt ... Beobachten Sie Ihren Atem, während Sie an dieses Wort denken ... Lassen Sie nun alle Gedanken und Bilder einfach vorbeiziehen, die Ihnen zu diesem Wort in den Sinn kommen ...
Spüren Sie, wie Sie dieses Wort in Ihrem Leben verwenden können ...
Nun kommen Sie langsam ... in Ihrem Tempo wieder in das Hier und Jetzt zurück. Sie bewegen Ihre Finger ... Atmen etwas tiefer ein und aus ... Dehnen und räkeln sich ... Öffnen Sie Ihre Augen ... Sie fühlen sich erfrischt und ausgeruht, als wären Sie gerade aufgewacht ...

Imaginatives Verfahren: »Lichtstrahlmethode«

Die Lichtstrahlmethode kommt aus dem Vipassana-Yoga und eignet sich im Rahmen der Traumatherapie zur Erleichterung von psychischen Belastungen auf Grund von akutem oder chronischem Schmerz. Sie soll in keinem Fall als Methode zur Schmerzbehandlung bezeichnet werden, um keinen Erwartungsdruck zu erzeugen, sondern eher als Methode zur Beobachtung von Missempfindungen.

Anleitung:
Während Sie sich langsam Ihrer Sitzhaltung bewusst werden, achten Sie darauf, dass sich Ihre Wirbelsäule im Gleichgewicht befindet und Ihre Schultern locker herabhängen. Werden Sie sich Ihres Körpers bewusst, indem Sie ihn von oben nach unten fühlen. Es kann sein, dass Sie irgendeine Missempfindung wahrnehmen können. Wenn Sie eine solche Missempfindung finden sollten, kann Ihnen auf folgende Art und Weise geholfen werden:
Konzentrieren Sie sich ganz auf die Empfindung im Körper und wählen Sie einen Gegenstand, der diese Empfindung symbolisieren könnte. Wenn diese Empfindung eine Form hätte, wie sähe diese aus? Und wenn diese Empfindung eine Größe hätte, wie groß wäre sie dann? Und hätte sie eine Farbe, welche wäre es? Beobachten Sie nun genau die Beschaffenheit der Oberfläche, die Beschaffenheit des Materials, die Höhe des Tones dieses Gegenstandes, seine Temperatur und sein Gewicht.
Während Sie nun immer noch Ihren Körper spüren, beobachten Sie, welche Farbe Ihrem Körper am besten tut, ihn heilen und ihm angenehm sein könnte. Vielleicht ist es Ihre Lieblingsfarbe. Während Sie innerlich diese Farbe betrachten, wird daraus ein ebenso heilsames farbiges Licht, das mit unendlicher und wohltuender Kraft auf Ihren Körper scheint. Stellen Sie sich vor, diese heilsame Farbe würde von oben in einem breiten Lichtstrahl wie eine Dusche auf Ihren Körper prasseln und durch die Oberfläche Ihres Kopfes in Sie hinein und zu jedem Teil Ihres Körpers strömen.
Nehmen wir einmal an, die Quelle dieses Lichtes ist das Universum: Je mehr Sie

davon verbrauchen, umso mehr steht Ihnen zur Verfügung. Das Licht strömt auf die Form zu, durchdringt und erfüllt sie, schwingt und pulsiert in ihr und um sie herum. Durch die unendliche Energie dieses Lichtes kann es vorkommen, dass sich der Gegenstand verändert, es sei denn, er bleibt oder verschwindet. Was geschieht währenddessen mit dem Gegenstand: mit seiner Form, seiner Größe, seiner Farbe, der Beschaffenheit der Oberfläche, der Beschaffenheit des Materials, der Tonhöhe seines Klanges, seiner Temperatur und mit seinem Gewicht?
Während Sie sich nun wieder auf das heilsame Licht konzentrieren, auf diese breite Lichtdusche aus dem Universum, beobachten Sie die unendlich heilsame Energie, diese warme Hülle aus Licht und Energie, in die Ihr Körper gehüllt ist. Lassen Sie alles überflüssige Licht durch die Füße in den Boden abfließen.
Was ist nun von dem Gegenstand übrig geblieben, von seiner Form, seiner Größe, seiner Farbe, der Beschaffenheit der Oberfläche, der Beschaffenheit des Materials, der Tonhöhe seines Klanges, seiner Temperatur und von seinem Gewicht? Und was ist von der ursprünglichen Missempfindung an diese Stelle geblieben? Spüren Sie Ihren Körper?
Nun kommen Sie wieder in das Hier und Jetzt zurück und wenden Sie dabei die 4-A-Technik an (siehe Seite 70).

Um die aktuelle Befindlichkeit zu bearbeiten, können imaginative Verfahren in Verbindung mit gestalterischer Aufarbeitung (wie malen) von aktuellen Gefühlszuständen eingesetzt werden. Bereits die Vorstellung von einer Blume und die anschließende Zeichnung kann Erinnerungen über vorherrschende Befindlichkeitszustände hervorrufen, die bearbeitet werden können. Das Symbol »Blume« kann anschließend auch so verändert werden, dass es für das optimale Befinden einen vertrauensvollen imaginativen Begleiter abgibt, der in Situationen des Zweifelns abgerufen werden kann und Energie spendet.

KONKRETE ANWENDUNG

- Realistische Einschätzung des Könnens in Bezug auf die Anforderung.
- Wenn Sie spüren, dass Sie von Freude oder Ärger getrieben werden, dann verlangsamen Sie Ihr Tempo auf dem Weg zum Ball.
- Holen Sie über eine positive Erinnerung (z. B. gelungener Schlag) ein optimales

Checkliste

Können Sie sich an eine Szene, einen Schlag erinnern, der für Sie das optimale Gefühl repräsentiert?

Kontrollieren Sie Ihre Befindlichkeit nach jedem Schlag?

Stellen Sie fest, über welche Verhaltensweisen Sie Ihre optimale Mischung der Gefühle für den optimalen Leistungszustand hervorrufen können.

Sind Sie mit Ihren Erwartungen über Ihren Score wirklich realistisch oder schrauben Sie Ihre Anforderungen höher als Sie Ihren Fähigkeiten entsprechen?

Tipps

Konkrete Anwendungen zur Vorbereitung von Gefühlszuständen

1 Stellen Sie sich eine kritische Situation auf dem Golfplatz vor. Wechseln Sie anschließend von diesem negativen Gefühl in ein positives Gefühl (gelungener Schlag). Sprechen Sie sich dabei Ihre autosuggestive Formel (siehe Seite 100) fünfmal vor.

2 Drücken Sie Ihre Gefühle in einer kritischen Situation symbolhaft anhand einer Zeichnung aus.

3 Schließen Sie die Augen und stellen Sie sich sehr konkret vor, wie Sie sich auf Ihren Golfschlag vorbereiten. Beschreiben Sie dabei gedanklich die Bilder, die Ihnen durch den Kopf gehen. Sie sollten im Stande sein, die Sie belastende Situation auf dem Golfplatz bildlich vor Augen zu haben. Im Anschluss zeichnen Sie eine Sequenz, die für Sie von besonderer Bedeutung ist (z. B. dichter Wald, in den Sie hineinspielen könnten, Ball nicht treffen, weiche Knie, Wasserhindernis, Ball verschlagen und nicht auffindbar, unangenehme Flightpartner usw.) und setzen sich durch die Aufzeichnung damit auseinander. Die Zeichnung soll auch eine Konfrontation mit verborgenen Ängsten bewirken. Das Wasserhindernis bis ins kleinste Detail zu zeichnen hilft, die Angst zu reduzieren (siehe Abschnitt *Nehmen Sie Herausforderungen an!*, Seite 106)

Gefühl hervor. Um es schneller abrufen zu können, setzen Sie einen imaginativen Bereich auf dem Rasen fest, den Sie betreten, um dieses Gefühl als Konditionierung schneller abrufen zu können.

Die mentale Scorekarte

Die mentale Scorekarte geht weg vom Ergebnisdenken und hin zum Prozessdenken. Die Gedanken sollen im Hier und Jetzt sein, sich auf die Handlung und das Gefühl orientieren. Gedanken an die Zukunft (Ergebnis) und den damit verbundenen positiven sowie negativen Konsequenzen stören den Handlungsablauf, ebenso wie Gedanken an die Vergangenheit und Erinnerungen an misslungene Schläge. Prozessorientierung meint: Der Golfer übt seine Sportart aus Freude am Tun und Handeln aus. Er freut sich auf eine runde, rhythmische, harmonische Bewegung, ohne dabei an das Resultat zu denken. Daher sollte neben der klassischen Scorekarte, die ausschließlich die Anzahl der Schläge wiedergibt, auch eine mentale Scorekarte mitgeführt werden, die es dem Golfer ermöglicht, seine Empfindungen auf einer Skala zwischen eins und fünf einzuschätzen. Eins wäre ein optimales, fünf ein katastrophales Feeling bei diesem Schlag. Erst mit dieser Einschätzung und mit dem »In-Beziehung-Setzen« zur Scorekarte lernt der Golfer sein optimales Feeling kennen, das er für seine Weiterentwicklung benötigt. Er lernt die Stabilität seiner optimalen Befindlichkeit zu erhöhen, indem er jeden Schlag gewissenhaft vorbereitet, kritisch hinterfragt und über das Feedback Verstärkermechanismen aktiviert. Der optimale Leistungszustand wird trainiert, programmiert und nicht ausschließlich dem Zufall überlassen. Die Skala kann im Laufe der Zeit auch neue Einschätzungen erhalten, wenn die Frage beantwortet wird: Inwieweit stimmt das Gefühl mit der Leistung, mit dem Ergebnis überein? Der Golfer sucht dabei selbstständig Wege, um sein Befinden kurzfristig steigern zu können. Es hat sich daher besonders bewährt, das Augenmerk jeweils auf die Schläge mit dem optimalen Gefühl (Note eins) und die mit einem schlechten Gefühl (Note fünf) zu legen, diese kurz zu beschreiben und zu charakterisieren

Tipp

Auf dem Golfplatz

Treten auf dem Golfplatz unangenehme Gefühle wie Ärger und Enttäuschung auf, schließen Sie die Augen und versetzen Sie sich in ein Erfolgserlebnis zurück und nehmen die Herausforderung offen an, indem Sie sich mit angstbesetzten Situationen konfrontieren. Verändern Sie dadurch Ihr Gesamtbefinden.

(siehe Klappen). Der erfolgreiche Golfspieler unterscheidet sich vom weniger erfolgreichen dadurch, dass er einerseits weniger Ausreißer nach unten mit Note fünf hat und andererseits die Fähigkeit besitzt, den Prozentsatz seiner guten Schläge (also guten Noten) zu erhöhen.

Nehmen Sie Herausforderungen an!

FALLBEISPIEL

Wann immer Golfer bei einem Turnier versagen oder bestimmte Löcher miserabel spielen, sind ihre Verdrängungsrituale ähnlich. Der Erwartungsdruck wird so groß, dass sie am liebsten, bevor sie noch spielen, die Situation bereits hinter sich bringen würden.
Wer die Herausforderung verdrängt, ist mit seinen Gedanken bei möglichen Konsequenzen und nicht im Hier und Jetzt. Er hat daher Angst zu versagen und verkrampft. Diese negativen selbsterfüllenden Prophezeiungen werden dadurch zur Realität.
Jede Bestätigung der Gedanken und Vorstellungen bestärkt die negative Erwartungshaltung des Golfers. Die Folge davon ist, dass die Angst vor zukünftigen Herausforderungen zunimmt.

34 Mentale Vorbereitung – erfolgreiche Erinnerungen werden abgerufen.

Unter Angst versteht man ein Gefühl, das einen Schutzmechanismus für das menschliche Überleben darstellt. Der Mensch wäre immer schon vom Aussterben bedroht gewesen, wenn ihm dieses lebensnotwendige Gefühl nicht zur Vorsicht vor unüberlegten Handlungen gemahnt hätte. Angstgefühle gehen also einher mit der Entwicklung des menschlichen Seins und sind daher auch in unseren Genen eingespeichert und werden so quasi immer weiter übertragen und überliefert. Dieses Phänomen wird dadurch erklärt, dass sich Menschen in Situationen fürchten, obwohl sie diese zum ersten Mal durchleben, beispielsweise Angst von spitzen Gegenständen verletzt zu werden, Angst vor wilden Tieren oder die Angst mit einem Flugzeug abzustürzen.

Von den positiven Wirkungen der Angst zu den Angsterscheinungen, die uns in unserem Alltag beeinträchtigen, ist es nur ein kurzes Stück. Angst wird erst dann zum Problem, wenn sie unsere Lebensqualität beeinträchtigt bzw. wenn wir in bestimmten Situationen unangemessen reagieren und unsere Leistungsfähigkeit dadurch drastisch reduziert wird.

Angst kann natürlich auch auf Grund von Erfahrungen ungewollt erlernt werden. Nehmen wir beispielsweise an, der Golfer steht auf einem sehr schmalen Fairway. Diese Ausgangssituation ist neutral, der Abschlag geht direkt in die Erde und verursacht Schmerzen in der Hüfte des Golfspielers. Neben der Enttäuschung über den misslungenen Schlag und dem schmerzhaften Gefühl entsteht durch die Koppelung mit der neutralen Situation »schmales Fairway« die Reaktion »unangenehmes, schmerzhaftes Gefühl, Erinnerungsschmerzen.« Eine negative Gedankenspirale beginnt. In Zukunft rufen schmale Fairways sofort eine schmerzhafte Empfindung an eine negative Erinnerung hervor.

Auch ein Schlag ins Aus kann negative Gedanken im Zusammenhang mit einem »schmalen Fairway« auslösen. Somit werden diese prinzipiell zu einem generalisierten Problem und lösen Frusterlebnisse aus, wenn sie zu spielen sind.

Um diese Angst wieder in den Griff zu bekommen, wird die Technik der Gegenkonditionierung angewandt. Das heißt, der Golfer sollte diese Situation »schmales

Konditionierung

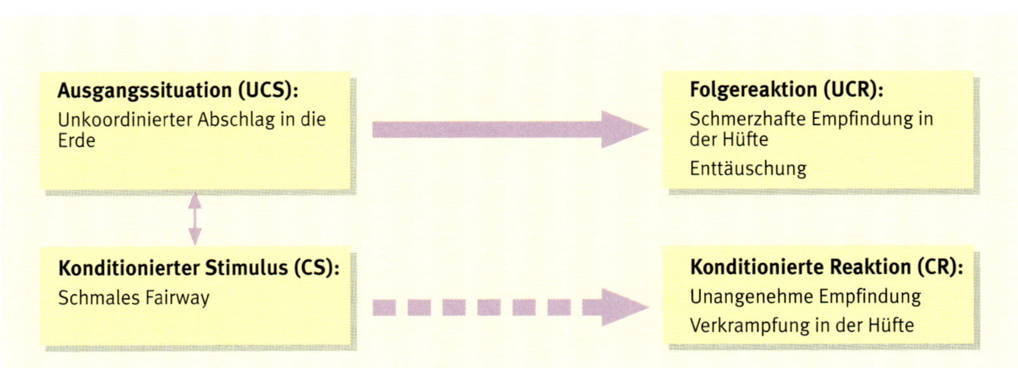

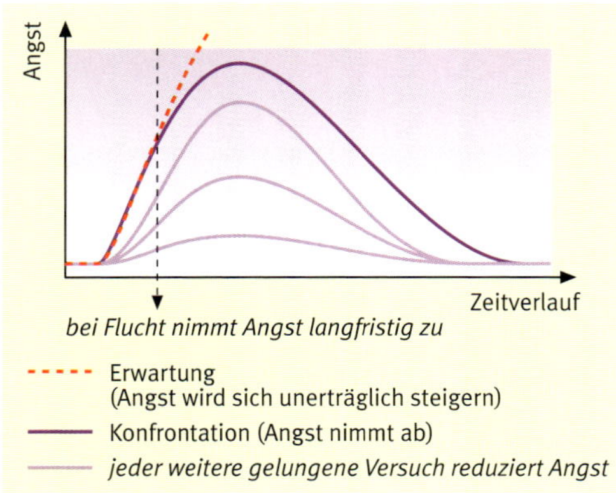

Angstverlaufskurve

Fairway« so oft üben, bis die Reaktion »schmerzhafte Empfindung« nicht mehr auftritt bzw. gelöscht wird. Der Golfer ist nicht mehr in einem unangenehmen Gefühl. Die Konfrontation mit dem Problem steht im Vordergrund. Die erlernte Angst kann auch verarbeitet werden, indem mental Strategien entwickeln werden, wie er sich auf schmalen Fairways verhalten soll und er sich mental gelungene Schläge spielen sieht. Bedenken Sie auch weiterhin, dass Angstgefühle konkrete Gegenspieler haben. Dies sind u. a. Spaß und Freude. Wer die Situation genießt, kann auch bestimmte Herausforderungen meistern. Bringen Sie Humor in bestimmte Situationen, um diese zu entkrampfen, dann wird die Angst Probleme haben, Sie zu beherrschen. Ein zweiter Gegenspieler der Angst ist die Entspannung. Gelingt es, jene Muskelgruppen zu entspannen, die in Angstsituationen zur Verkrampfung neigen, wie beispielsweise Nacken- und Schultermuskulatur, Kaumuskulatur, Stirnmuskulatur, und ruhig weiterzuatmen, dann wird die Angst leichter kontrollierbar. »Froh und heiter, geht's locker immer weiter«.

Im Folgenden soll kurz der Verlauf der Angst verdeutlicht werden (siehe Grafik). Der typische Verlauf der Angst gestaltet sich folgendermaßen: Wenn der Golfspieler in eine Situation gerät, die Angst auslöst, steigt das unangenehme Gefühl. Der Golfer glaubt, die Angst steigt ins Unermessliche, und er beginnt häufig mit Vermeidungsstrategien oder Rückzugstendenzen. Das kann so weit führen, dass der Golfer sogar Turniere meidet, die wegen bestimmter Umfeldbedingungen in ihm, auf Grund von Erfahrungen, Angstgefühle auslösen. Es kann aber auch sein, dass er gedanklich diese Situation vermeidet und sich bereits in die Zeit danach, in die Zukunft versetzt und hofft, dass dieses Loch, dieses Turnier endlich vorüber ist: »Nur weg von hier.« So spielt er zwar dieses Loch, diesen Wettbewerb, hat dies aber bereits gedanklich abgeschrieben. Stellt er sich aber offen der Herausforderung, steigt die Angst in der Realität nicht mehr weiter an, sondern kommt zu einer Plateau-Bildung, die wieder abfällt, nachdem die Angstsituation durchlebt wurde. Das Abfallen der Angst ist meist mit einer Erleichterung verbunden und mit der Genugtuung, sich der Situation gestellt und sie bewältigt zu haben. Das würde bedeuten, dass die Angst bei der nächsten Herausforderung deutlich reduziert verläuft (siehe Angstverlaufskurve). Vermeidung wiederum bedeutet, dass sich die Angst auch für zukünftige Ereignisse weiter aufschaukelt und diese Problemsituationen einen auf Dauer fast unüberwindbaren Charakter bekommen können.
Als Strategie zur Bewältigung der Angst soll hier auf zwei Verfahren eingegangen werden: auf die systematische Desensibilisierung

und auf das Konfrontationstraining. Unter systematischer Desensibilisierung versteht man die schrittweise Annäherung an das konkrete Problem mit maximaler Ausprägung der Angst. Es wird sozusagen mit einer Problemsituation begonnen, die kaum Angst auslöst. Diese wird dann gesteigert, bis hin zur größtmöglichen Ausprägung der Angst. Durch die schrittweise Annäherung wird durch das Erreichen dieser Teilziele die Motivation gesteigert und Selbstsicherheit entwickelt. Die Desensibilisierung beruht weiterhin auf dem Prinzip, dass bestimmte Situationen, die Unbehagen auslösen, die Vorstellung eines sicheren Ortes, ein Refugium, eine Entlastung, eine Regenerationsmöglichkeit eröffnet. Es wird auch die Entspannung als Gegenspieler der Angst in der Situation angewendet. Das heißt, der Golfer wird verleitet, zu dissoziieren, mental zu fliehen. Daher wird nach neueren Erkenntnissen dem Konfrontationstraining eine höhere Erfolgsquote zugeschrieben. Das Konfrontationstraining besagt, dass die Angst dadurch bewältigt wird, dass sich der Golfer offen und bereit der Situation aussetzt und gedanklich diese nicht vermeidet bzw. flieht, sondern die Situation, in der er sich befindet, sogar genießt und bewusst wahrnimmt. Als besonders effizient bei der Bearbeitung von Angstproblemen hat sich eine Mixtur erwiesen, in der beide Techniken verbunden werden. Zuerst soll mit der systematischen Desensibilisierung begonnen werden, ehe es zur direkten Konfrontation mit der Angst kommt.

KONKRETE ANWENDUNG

Bei der systematischen Desensibilisierung soll der Golfer eine Hierarchie zu seinem Problem von eins bis zehn erstellen, wobei eins eine gering angstbesetzte Situation und zehn höchstmögliche Angstgefühle bedeuten. Beispielsweise könnte Situation eins die Anreise zum Turnier sein, Situation zwei der Weg vom Auto zum Clubhaus, ansteigend bis hin zur Haupt-Problemsituation, dem ersten Abschlag. Die Angst ist maximal, das Gefühl des Golfers spiegelt sich in einer »Leben-oder-Tod«-Anspannung wider.
Der Golfer stellt sich nun sehr detailliert seine zehn Problemsituationen vor und versucht sich mental in jede dieser Situationen hineinzuversetzen. Er beginnt dabei mit Stufe eins. Wichtig: Er sollte sich dabei während der Vorstellung möglichst gut entspannen können: Um nicht abzuschweifen, sollte er seine Vorstellung verbalisieren, also dazu sprechen. Nachdem die erste Stufe ohne Unbehagen bewältigt wurde, begibt er sich in die zweite Stufe. Sollte in der Vorstellung Unbehagen auftreten, sollte der Golfer sich an einen für ihn ruhigen, entspannenden und mental sicheren Ort zurückziehen (Ruhebild) und anschließend sein Training bei der zuletzt bewältigten Stufe fortsetzen. Erst wenn alle Stufen angstfrei mental vorgestellt werden können, ist der Golfer bereit, ähnliche Stufen in der Realität umzusetzen, das heißt, er sollte Problemsituationen nicht meiden, sondern aufsuchen. Zur Optimierung dieser Technik wäre es sehr günstig, wenn sich der Golfer für jede dieser Stufen = Probleme vorsprechen würde, was er in dieser Situation tun möchte bzw. sollte. Er überlegt eine Strategie zur Bewältigung jeder dieser Stufen, er spürt die Unruhe ansteigen, beginnt ein Selbstgespräch, das lautet, ruhig in der Situation zu verweilen, offen die Herausforderung anzunehmen, die

35 Stressverarbeitung durch Links-rechts-Stimulation

Situation zu genießen usw. Gleichzeitig versucht er, auch physiologisch einzuwirken, indem er die Arme fest anspannt und wieder loslässt.

Der Einsatz von EMDR im Golfsport zur Verbesserung der mentalen Leistungsfähigkeit

Kurzbeschreibung des Verfahrens

EMDR (eye movement desensitisation and reprocessing-technic) wurde von Francis Shapiro entwickelt und wird vor allem für die Bearbeitung von posttraumatischen Belastungsstörungen eingesetzt. Diese Technik hat ihre Wurzeln in der Annahme, dass über eine erhöhte Aktivität der Pupillen nicht verarbeitetes Material dem Verarbeitungsprozess wieder zugeführt wird. Dadurch werden feste und starre Elemente im Gehirn, die in kritischen Situationen aktiv werden und Angst auslösen, aufgeweicht und weitgehend neutralisiert. Die Annahme, dass die Pupillen-Aktivität vor allem im REM-Schlaf (rapid eye movement) ein deutliches erhöhtes Maß aufweist und der REM-Schlaf als die entscheidende Problem-Verarbeitungsphase auf Grund der Entstehung von Träumen gesehen wird, würde darauf hinweisen, dass mit der EMDR-Technik ähnliche Zustände provoziert und effizienter aufgearbeitet werden können. Mittlerweile sind Experten auch zu der Ansicht gekommen, dass bereits eine bilaterale Stimulation durch rechts-links-Bewegungen (z.B. abwechselndes Klopfen auf die Oberschenkel, laufen) und gleichzeitiges gedankliches Beschäftigen sowohl mit der Problemsituation als auch mit aufkommenden Gedanken um diese Problemsituation eine wirkungsvolle Maßnahme zur Stressverarbeitung darstellen.

Der Golfer analysiert sein Problem in einer Stress auslösenden Situation. Dabei werden in einem ersten Schritt die negativen Kognitionen, Gedanken, Bewertungen in der Situation herausgearbeitet. Es wird ein negativer Satz, der repräsentativ für das Gefühl, für die Gesamtsituation steht, gebildet. In einem zweiten Schritt schildert der Golfer Gedanken, die er in dieser Angst auslösenden Situation gerne haben möchte. Es handelt sich dabei um die positive Kognition, wie sich der Golfer gerne sehen würde. Dabei muss es sich nicht um eine einfache Umkehrung der negativen Kognition handeln. Prinzipiell sollen Formulierungen mit »nicht« vermieden werden, beispielsweise: »Ich bin mutig«, statt: »Ich bin nicht ängstlich.« Der Golfer soll sich zur möglichst positivsten Selbstaussage ermutigen, auch wenn ihm diese derzeit völlig unvorstellbar erscheint und einen entsprechenden Leitsatz bilden, beispielsweise: Mit Selbstvertrauen, sicher und konzentriert driven. Nun soll sich der Golfer auf einer subjektiven Befindlichkeitsskala (VOC – Vality of Cognition Skale) zwischen eins und sieben selbst einschätzen mit der Fragestellung, wie wahr diese positive Einstellung in der konkreten Angst auslösenden Situation zum aktuellen Zeitpunkt für ihn ist. Sieben verdeutlicht völlige Übereinstimmung, eins meint, es trifft überhaupt nicht zu. Die Einschätzung von »drei« auf dieser Skala würde ein hohes motivationales Potenzial freisetzen, um die psychische Verfassung in Richtung sieben zu verbessern. Anschließend wird auch die negative Kognition befragt. Nun soll der Golfspieler sich sowohl das Bild als auch die dazugehörenden unerwünschten Vorstellungen vergegenwärtigen und darauf achten, welche Emotion dadurch ausgelöst wird. Der Ausprägungsgrad dieser negativen subjektiven Empfindung wird auf der SUD-Skala (subjective units of disturbens) von null (neutral oder ruhig) bis zehn (schlimmster vorstellbarer Zustand) eingeordnet. Dieser Wert dient aus Ausgangspunkt für die Messung der Verringerung des Belastungsgefühls und manifestiert sich meist unmittelbar im Körper. Des Weiteren wird mit dem Golfer das Vorstellungsbild »Ort der Sicherheit« erarbeitet und als mentale Rückzugsmöglichkeit eingesetzt. Dabei wird Wert auf die echte Vorstellungsqualität gelegt. Echt wird diese dann, wenn möglichst viele Sinnesorgane einbezogen werden (vergleiche *Das Ruhebild,* Kap. *Relaxation*).

Checkliste

Können Sie sich an Situationen erinnern, die Sie am liebsten vermieden hätten?

Welche Gedanken gingen Ihnen in diesen Situationen durch den Kopf?

Wie groß ist Ihre Freude an der bevorstehenden Handlung?

Wo verspüren Sie in angstbesetzten Situationen eine erhöhte Muskelspannung?

Wie verhalten Sie sich, wenn Sie Angst haben – hastig oder zögernd?

Der konkrete Ablauf einer EMDR-Sitzung
Während sich der Golfer entspannt in einem Sessel niederlässt und sich gedanklich an seinen Ort der Sicherheit versetzt, bekommt er die Anweisung, sich in seine negativste Problemsituation mit einem negativen Leitsatz (»Ich bin schwach und unfähig«) hineinzuversetzen. Gleichzeitig kann der Therapeut, in einem für den Golfer angenehmen Abstand, mit zwei Fingern vor dessen Augen hin- und herwandern. Der Golfer verfolgt die Handbewegung nur mit den Pupillen und versetzt sich gleichzeitig in sein negatives Gefühl. Nach ungefähr 20 Rechts-links-Bewegungen wird er nach den letzten Bildern befragt, die ihm durch den Kopf gegangen sind. Im Anschluss daran wird diese Bewegung wieder fortgesetzt und zwar so lange, bis der Golfer ein neutrales Gefühl gegenüber der Problemsituation entwickelt hat.
Es kann auch abwechselnd links und rechts auf die Oberschenkel geklopft werden. Der Golfer schließt dabei die Augen und lässt seine Gedanken zu seinem Problem schweifen, betrachtet die Bilder, die aus einer Zuschauerperspektive entstehen und führt dies so lange fort, bis die Problemsituation deutlich reduziert wahrgenommen wird. Im Anschluss an die Sitzung soll der Golfer wieder seine beiden Skalen einschätzen, wie echt seine positiven Vorstellungen in der Problemsituation sein würden. Weiterhin wird kontrolliert, ob die negativen Kognitionen eher in eine neutrale Richtung wandern.

KONKRETE ANWENDUNG

- Wenn Sie sich in Stress- oder Angstsituationen befinden, sollten Sie sich bereits im Vorfeld gedanklich der unangenehmen Situation aussetzen und dabei zügig abwechselnd rechts und links auf die Oberschenkel klopfen. Hier gilt: Je höher die innere Unruhe, desto schneller sollten Sie stimulieren.
- Ebenso können Sie sich während der Stimulation an Ihren Ort der Sicherheit versetzen, um Energie zu tanken. An diesem Ort der Sicherheit, der Ihnen Ruhe und Geborgenheit vermitteln sollte, erfolgt die Links-rechts-Stimulation dementsprechend langsamer. Das Klopfen auf den Oberschenkeln bewirkt zudem eine Konditionierung: Klopfen und Vorstellung des Sicherheitsbildes werden miteinander gekoppelt und verstärken dabei die Auslösung des erwünschten Gefühls.
- Sie haben mit dieser EMDR-Technik eine Strategie, mit der Sie in der Lage sind, Stresssituationen immer zu neutralisieren. Bereits im Vorfeld kann beim Dauerlauf, während Sie sich gedanklich der Problemsituation und den damit verbundenen Angstgefühlen aussetzen, durch aktive Rechts-links-Stimulation eine hervorragende Verarbeitungsstrategie angewandt werden. Hierbei ist es wichtig, mit den negativen Gedanken der Situation zu beginnen und dann die Gedanken einfach schweifen zu lassen.
- Trainingsbeispiel Jogging
  Beginnen Sie dabei mit einem langsamen Tempo und achten Sie sowohl auf den Rhythmus der Rechts-links-Bewegung als auch auf die akustische Resonanz. Rufen Sie sich Ihre negativen und unerwünschten Vorstellungen und Erinnerungen ab, versetzen Sie sich möglichst konkret in die Situation, wie Sie mit Ihrem Driver auf dem Abschlag stehen. Wenn Sie ein unan-

genehmes Gefühl spüren, erhöhen Sie Ihre Trittfrequenz. Laufen Sie aktiver! Auf Grund des negativen Bildes entsteht innere Unruhe, die Sie mit äußerer erhöhter Aktivität dem Verarbeitungsprozess besser zugänglich machen können. Führen Sie diese Handlung so lange durch, bis sich die unangenehme Empfindung zu neutralisieren beginnt und bei Ihnen eine gewisse Erleichterung eintritt. Anschließend reduzieren Sie Ihr Tempo wieder; Sie können auch gehen. Merken Sie sich Ihre letzten Bilder! Führen Sie diesen Zyklus nun mehrmals durch und beginnen Sie jeden neuen mit jenen Gedanken, die Ihnen beim Aktiv-Lauf als letzte durch den Kopf gegangen sind.

Spüren Sie nach diesen Laufzyklen eine deutliche Erleichterung? Schätzen Sie sich auf Ihrer SUD-Skala zwischen null und zehn ein. Hat sich Ihre unangenehme Wahrnehmung, mit dem Driver auf dem ersten Abschlag zu stehen, Richtung null verschoben? Und wie weit hat sich Ihre positive Aussage »Mit Selbstvertrauen, sicher und konzentriert driven« auf der VOC-Skala Richtung völlige Übereinstimmung (sieben) verbessert? Auf Dauer sollten Sie die notwendige emotionale Distanz und Sicherheit für Ihr Problem – Unsicherheit beim Driven – erzielen. Setzen Sie Übungen zur bilateralen Stimulation im Vorfeld von Problemsituationen im Golf ein.

36 Stresssituationen neutralisieren oder verarbeiten

Visualisierung

Was bedeutet Visualisierung?

Visualisierung meint die optische Wahrnehmung und Verarbeitung sowie in weiterer Folge die Entwicklung der Vorstellungsfähigkeit in einem weit gefassten Sinn.
Der Golfspieler sieht die erwünschte Flugbahn des Golfballes oder er sieht den Ball ins Loch fallen. Ziele werden in der Vorstellung antizipiert und mit positiven Gefühlen begleitet mit dem Hintergedanken, Wunschvorstellungen und Erwartungen abzurufen und zu realisieren. Darunter werden Zielvisualisierungsübungen verstanden. Auch Situationen, die mit Gefühlen der Entspannung und Freiheit verbunden sind, wie Ruhe- bzw. Urlaubsbilder, können visualisiert werden.
Visualisierungs- bzw. Vorstellungstraining meint mentales Techniktraining zur Optimierung und Stabilisierung von Bewegungsabläufen, aber auch, um schneller lernen bzw. umlernen zu können.
Zur Optimierung sportlicher Bewegungsabläufe wie zum Beispiel des Golfschwunges wurde aus den Visualisierungstechniken das ideomotorische Training entwickelt. Darunter wird die Fähigkeit verstanden, sich eine sportlichen Bewegung, wie den Golfschwung, lebhaft vorzustellen, ohne dass Teil- oder Gesamtbewegungen der motorischen Aufgabe äußerlich sichtbar ausgeführt werden. Die Vorstellungsqualität und der Trainingseffekt werden durch das lebhafte, gedankliche Nachvollziehen durch die Einbeziehung sämtlicher Sinnesleistungen (optisch, akustisch, taktil, kinästhetisch) deutlich erhöht. Durch Messungen der Muskelpotenziale lassen sich nichtbewusste und nicht bis zur sichtbaren Ausführung gelangende schwache Muskeltätigkeiten nachweisen, die den wahrgenommenen, vorgestellten oder gedachten Bewegungen mit verminderter Intensität entsprechen und das Gehirn sowie unser Nervensystem günstig beeinflussen.

Optimieren Sie Ihren Golfschlag!

FALLBEISPIEL

Sie haben Mängel im Bewegungsablauf. Diese Fehler treten immer wieder auf, vor allem dann, wenn Sie unter Druck geraten. So kann beispielsweise die Position des Schlägerblattes falsch sein.

Die Optimierung eines Golfschlages beginnt mit dem Vorstellungstraining. Ziel ist, sich eine Bewegung unter Einbeziehung sämtlicher Sinnesorgane sehr lebhaft vorzustellen. Gedanklich fühlen Sie den Schlägergriff, sehen Ihre optimale Position zum Ball, hören das Zischen des Schlägers durch die Luft, hören wie er den Ball trifft, fühlen die Bewegung als harmonische Einheit – und sehen das erfreuliche Resultat. Das Positive daran: Sie können es jederzeit tun, das ganze Jahr über, egal ob es regnet oder schneit. Je öfter Sie sich in einen optimalen Schlag hineinversetzen können, umso wahrscheinlicher werden Muskelaktivitäten der in der Vorstellung beanspruchten Muskulatur. Ein Trainingseffekt stellt sich ein. Ziel ist, über die Vorstellung der Aktion ein optimales Gefühl für die Vorbereitung des Golfschlages abzurufen.

Das Vorstellungstraining kann in folgende Schritte unterteilt werden.

- Mit geschlossenen Augen alle wesentlichen Punkte von der Schlägerhaltung über die Schwungbewegung, den Treffmoment bis hin zur Flugbahn des Balles in Zeitlupentempo vorsprechen.
- Schreiben Sie nun diesen Ablauf auf ein Blatt Papier, indem Sie einen Wechselwirkungsprozess zwischen – vorstellen, beschreiben – durchführen. Reduzieren Sie Ihre Beschreibung im dritten Schritt auf drei bis vier wesentliche Knotenpunkte und spielen Sie mental diese Knotenpunkte durch, indem Sie sie leise vorsprechen und imitieren.
- Anschließend reduzieren Sie die Knotenpunkte auf Schlagworte, wie beispielsweise schwingen/locker/treffen und kürzen diese ab: schwi-lo-tref.
- In einem weiteren Schritt integrieren Sie diese Worte rhythmisch in Ihre Imitationsbewegung. Führen Sie diese Übung so lange durch, bis die geistige Vorstellung zeitlich genauso lange dauert wie die tatsächliche Ausführung.

Optimal ist das Vorstellungstraining aus der Innenperspektive. Das heißt, Sie sehen sich als den Ausführenden des Schlages und nicht als einer, der sich von außen beobachtet (Außenperspektive). Durch permanentes Einschleifen dieses Schwunges mit Unterstützung der Kürzel aus der Innenperspektive kann der Golfer die Kürzel weiterhin zu einem einzigen Schlagwort zusammenfassen, welches gedanklich im Takt des Golfschwunges den realen Schlag begleitet.

Das Vorstellungstraining bringt zwei Vorteile: Zum einen ermöglicht es dem Golfer, sich mit dem optimalen Schlag auseinander zu setzen und ihn zu festigen, zum anderen ist die Unterstützung des Schlages mit dem Codewort/Kürzel eine Möglichkeit, die Gedanken im Hier und Jetzt zu halten und Abschweifungen in die Zukunft bzw. in die Vergangenheit zu verhindern. Die Gedanken sind in der Handlung, sie unterstützen diese.

Verstärken können Sie Ihr Vorstellungstraining dadurch, dass Sie eine Videoanalyse voranstellen. Sie können dabei auch an einem Modell lernen. Dieses Modell bzw. Vorbild sollte, sofern es möglich ist, Ihren körperlichen Voraussetzungen ähnlich sein. Während Sie mehrmals den Schlag am Bildschirm beobachten, dann mit offenen und geschlossenen Augen nachvollziehen, sprechen Sie Ihre Kürzel. Stehen Sie auf, und imitieren Sie gemeinsam mit dem Fernsehbild den Schlag, bis Sie den richtigen Rhythmus gefunden haben. Nach dem mehrmaligen Anschauen des Videos können Sie sich auch vorstellen, selbst das Modell, das Vorbild zu sein. Dann übertragen Sie diese Erfahrungen aus der Außenperspektive auf Ihre eigene Innenperspektive und stellen sich vor, wie Sie auf dem Abschlag des ersten Loches Ihres Golfclubs stehen und den Ball locker und rhythmisch, begleitet von Ihrem Treff-Kürzel »treeeff« auf Ihren erwünschten und visualisierten Zielpunkt schlagen.

Die Anwendung des Vorstellungstrainings eignet sich besonders zur mentalen Einstimmung vor dem Schlag als Bestandteil der Pre-Shot-Routine und zur Nachbereitung des Golfschlages, indem entweder der gelungene Schlag anschließend mental reproduziert wird oder der misslungene Schlag korrigiert und richtig, also im erwünschten

Soll-Zustand, nachvollzogen wird. Dadurch soll das positive Gefühl verstärkt oder das negative positiv verarbeitet werden. Wichtig in beiden Fällen: Ein positives Bild muss in Erinnerung behalten werden.

Sie können auch bestimmte Problemsituationen mental durchspielen und lernen, mit welchem Eisen Sie den Ball in welcher Lage spielen wollen. Stellen Sie sich auch vor, wo der Ball landen soll. Sie sollten sich lebhaft in die Zukunft versetzen, um Ihre Ziele verwirklichen zu können. Je genauer Sie über Golfplätze, auf denen Sie Turniere spielen wollen, Bescheid wissen, desto professioneller können Sie Ihre mentale Strategie durchspielen, zur Anwendung bringen und sich einstimmen und vorbereiten. Umso vertrauter wird Ihnen dann die Umgebung, die Situation vorkommen, wenn Sie sich zuvor intensiv damit beschäftigt haben.

Checkliste

Können Sie sich gedanklich so in einen Golfschlag hineinversetzen, dass Sie dabei eine Aktivierung in Ihren an der Bewegung beteiligten Muskeln wahrnehmen können?

Spüren Sie bei der Imitation von Bewegung das Gefühl, als würden Sie den Golfball tatsächlich schlagen?

Sind Sie in der Lage, mit Ihren Gedanken die Handlung zu unterstützen?

Können Sie sich die Flugbahn Ihres Balles zu dem einen gewünschten Ziel vorstellen?

Gibt es bei der Vorstellung bestimmter Sinneswahrnehmungen qualitative Unterschiede (z. B. besseres optisches Bild, schlechteres taktiles Bild)?

IDEOMOTORISCHES TRAINING

Beim Aufbau ideomotorischer Programme und bei der Übungsdurchführung sollten folgende Hinweise beachtet werden:

- Die Programminhalte sollten sich auf individuell bedeutsame Knotenpunkte des Bewegungsablaufes konzentrieren und vom Golfer und Trainer gemeinsam erarbeitet werden.
- Bewegungsvorstellungen können vom Golfer besser realisiert werden, wenn an seine Bewegungserfahrungen, -wahrnehmungen, -gefühle und an bereits vorhandene -vorstellungen angeknüpft wird und diese bildhaft-anschaulich in Metaphern vermittelt werden.
- Ideomotorisches Training ist wirksamer, wenn vor dem Üben ein Zustand hoher mentaler Übungsbereitschaft durch den Einsatz entspannender Maßnahmen (siehe Kapitel *Relaxation*) geschaffen wird und die Vorstellungen durch sofort nachfolgende motorische Imitationsübungen vertieft werden.
- Der Bewegungsablauf ist in der Vorstellung flüssig nacheinander zu vollziehen. Gedankliche Fixierungen auf einzelne Knotenpunkte der Bewegung oder auf besondere Problemphasen des Bewegungsablaufes sowie gedankliche Vorwegnahmen von Bewegungsphasen sind zu vermeiden.
- Die Anzahl der ideomotorischen Wiederholungen liegt je nach aktuellem Lernstand zwischen vier bis sechs Übungen pro

Trainingseinheit. Die Wiederholungen sind im Abstand von etwa 20 Sekunden auszuführen. Für die unmittelbare ideomotorische Einstimmung auf die Startphase im Wettkampf haben sich zwei bis drei Übungen bewährt.

- Die Wirkung des ideomotorischen Trainings auf die Regulation von Bewegungsabläufen kann durch Selbstverbalisation und rhythmische Akzentuierung ideomotorischer Abläufe (Kopf, Finger, Füße) erhöht werden.

Mentale Vorbereitung mit Imitationsübungen

Eigene Bewegungserfahrungen dominieren als Informationsquelle und beeinflussen maßgeblich die Handlungssicherheit der Sportler. Imitationsübungen erhalten aus dieser Sicht eine völlig neue Funktion und sind für das Ausprägen von »Sollempfindungen« sowie für die Entwicklung von Bewegungsvorstellungen unerlässlich. Darüber hinaus sind mehrfache Übungswiederholungen beim Golf aus mehreren Gründen (komplexe Bewegungsanforderung, Zeitmangel, Bespielbarkeit der Plätze im Winter, passendes Gelände) zuweilen nicht möglich. Ein Vorstellungstraining wird dann für das Ausprägen der Bewegungsvorstellung, des Bewegungsgefühls und der Bewegungswahrnehmung unerlässlich.
Der Golfer soll mit Unterstützung der Imitationsübungen langfristig lernen, das richtige Bewegungsgefühl und richtige Bewegungsvorstellungen für die Prognoseleistung und die Bewegungsausführungen im Turnier auszuprägen. Auch das Abrufen des optimalen Leistungszustandes ist damit verbunden.

KONKRETE ANWENDUNG

- Bewusstmachen Ihres Golfschlages durch Videoanalysen, Trainerfeedback und Literatur.
- Gedankliches Durchspielen des Bewegungsablaufes und Verbalisierung der wesentlichen Merkmale; anschließend Niederschrift Ihres optimalen Bewegungsablaufes unter Einbeziehung von Gefühlsmerkmalen wie »locker, fließend durchschwingen«. Nach Möglichkeit für bestimmte Gefühlsempfindungen eine Metapher finden, z. B. »frei und konzentriert wie ein Adler«.
- Erarbeiten von Knotenpunkten: Die wesentlichen Bewegungsmerkmale werden zu kurzen, prägnanten Formulierungen

37 Imitationstraining

zusammengefasst. Nacheinander diese Formulierungen vorsprechen und gleichzeitig den Bewegungsablauf im verlangsamten Tempo imitieren.
- Reduktion der kurzen Formulierungen auf Kürzel (schwi-lo-treff) und diese rhythmisch in den Bewegungsablauf akzentuiert einbinden. Die Bewegungsvorstellung und die Imitation sollen dem zeitlichen Ablauf der realen Bewegungsausführung nahe kommen bzw. identisch sein.
- Verschmelzung der Kürzel in ein rhythmisiertes Codewort, welches während des Golfschlages rhythmisch mit der Bewegung gedacht wird.
- Die unbewusste Verinnerlichung dieser gedanklichen Begleitung ermöglicht es, den Aufmerksamkeitsfokus im Hier und Jetzt zu behalten und den Ablauf zu unterstützen.

Kreative Aufarbeitung von Bewegungsabläufen mit Plastilin

FALLBEISPIEL

Sie haben Probleme, sich Ihren Bewegungsablauf richtig vorstellen zu können. Diese Vorstellungsfähigkeit muss verbessert werden, da ansonsten Ihre Weiterentwicklung blockiert ist.

Bei dieser speziell für Golfer entwickelten Übung versetzt sich der Sportler mental in den Golfschlag, führt ihn anschließend in der Realität aus und versucht, eine für ihn entscheidende Sequenz, z. B. die Impact-Phase, also den Treffmoment Schlägerblatt/Golfball in seiner Vorstellung gestalterisch aufzuarbeiten. Dies hat sich sowohl in Form einer bildnerischen Gestaltung (Zeichnung) als auch in einer Darstellung mit Knetmasse bewährt. Die Vorstellung in Form einer kreativen Aufarbeitung zu reproduzieren, bindet die Aufmerksamkeit des Golfers in einen Wechselwirkungsprozess ein, der sowohl Komponenten der Vorstellung über den Bewegungsablauf als auch des Verhaltens und der Gefühlsebene fördert. So kann der Golfer anhand einer Skizze auf die entscheidenden Bewegungsmerkmale der Impact-Phase sehr genau eingehen und gleichzeitig immer wieder die Vorstellung abrufen, wie er den Bewegungsablauf unter Einbeziehung der Sinnesorgane mental optimal durchführt.
Noch größer und effektiver sind die Erfolge dieser komplexen Bewegungsvorstellung über die Möglichkeit, seine Körperposition, die Extremitäten, die bewusste Wahrnehmung aller Körperteile durch die Möglichkeit der Berührung bzw. des »Anfassens« einer Knetmasse gegeben. Der Golfer formt quasi sein eigenes Abbild und lernt dabei, präzise die Stellung und die Position seines Körpers wahrzunehmen. Weiter lernt er dabei, das Gefühl der einzelnen Muskelgruppen differenziert wahrzunehmen. Diese Übung stellt auch hohe Ansprüche an die Konzentration und an die kinästhetische, also bewegungsempfindende Unterscheidungsfähigkeit.

Allerdings sollten diese projizierten Visualisierungsübungen immer wieder der Kontrolle des Trainers unterliegen, da häufig Unterschiede zwischen dem idealen Selbstwahrnehmungsbild und dem objektiven Leitbild (Sollzustand der Impact-Position) bestehen. Der Trainer hat so die Möglichkeit, mit dem Golfer anhand seines Modells über die Wahrnehmung (auch fehlerhafte Wahrnehmung) zu sprechen. Somit kann auf die innere Wahrnehmung und Vorstellungsfähigkeit des Golfers Einfluss genommen werden. Der Sportler beginnt nun an seinem modellierten Abbild notwendige Korrekturen vorzunehmen und versucht diese dann anschließend in der realen Bewegung umzusetzen. Damit ein neues Vorstellungsbild entsteht, sollte er sich im Anschluss an die reale Bewegung wieder in eine neue, kreative Phase der Aufarbeitung begeben. Der gesamte Prozess beginnt somit von vorne.

Das Plastilinkneten bietet auch andere Vorteile. So wird die Aufmerksamkeit durch das Kneten der Impact-Position auf die innere Wahrnehmung gerichtet. Deshalb kann die Konzentration nicht leicht abschweifen. Für jene Golfer, die sich generell mit Visualisierung schwer tun, bietet es einen geeigneten Zugang zum mentalen Training. Besonders erfolgreich ist diese Methode bei Kindern und jugendlichen Golfern, denn Spaß, Anreiz und Motivation sind beim Plastilinkneten groß. So wird diese junge Zielgruppe auf spielerische Art und Weise in das mentale Golftraining eingeführt.

DER EINSATZ VON PLASTILIN IM ENTSPANNUNGSTRAINING

Zur Durchführung der Entspannungsübungen sollten u.a. folgende Punkte beachtet werden:

- Bequeme Kleidung soll die Einschränkung der Bewegungsfreiheit beim Sitzen oder Liegen verhindern.
- Die Augen sollten nach Möglichkeit geschlossen werden, da der visuelle Kanal rund 80% des gesamten sensorischen Imputs ausmacht. Der größte Teil der Aufmerksamkeit kann so auf die innere Wahrnehmung gerichtet werden.
- Suchen Sie sich ihre bequeme Unterlage, um Druckstellen zu vermeiden.
- Die Raumtemperatur sollte angenehm, störende Geräusche sollten weitgehend ausgeschaltet und die Beleuchtung sollte nicht zu intensiv sein.

Im entspannten Zustand sollten Sie mit geschlossenen Augen Ihre Erholungsposition (liegend, sitzend) einnehmen und anschließend versuchen, diese Lage zu visualisieren und differenziert wahrzunehmen. Sie sollten sich bewusst machen, wie die Stellung der Extremitäten (Arme, Beine, Finger) ist und wie sich bestimmte Körperteile anfühlen. Liegen die Beine weit auseinander? Zeigen die Füßen nach außen? Sind die Hände nach innen oder nach außen gedreht? Wie sind die Finger positioniert? Wie fühlt sich die rechte Körperhälfte im Vergleich zur linken an? Diese Wahrnehmungen sollen nun vertieft und abgespeichert werden.
Anschließend nehmen Sie immer noch liegend oder sitzend das Plastilin in die Finger und beginnen, mit geschlossenen Augen Ihre Entspannungsposition möglichst exakt nachzukneten. Dabei ist für Sie der ständige Wechselbeziehungsprozess zwischen der abgespeicherten Wahrnehmung und dem zu knetenden Modell wichtig. Durch die intensive Auseinandersetzung mit der idealen Entspannungsposition beim Modellieren wird ein lockerer, freier, entspannter Zustand schneller erreicht. Dieser kann später auch ohne Kneten überall und jederzeit schneller abgerufen werden. Ein Konditionierungsprozess entsteht.

Aufmerksamkeit

Der Aufmerksamkeitsfilter

Die Aufmerksamkeit kann als Filter verstanden werden, der es ermöglichen soll, dass ausschließlich handlungsrelevante Sinnesempfindungen wie Bilder, Gefühle, Geräusche, Geruchswahrnehmungen dem Informationsaufnahmeprozess zugeführt werden. Handlungsirrelevante Reize (Reize, die mit dem Golfspiel in keinem Zusammenhang stehen) sollen herausgefiltert werden. Die Qualität dieses Aufmerksamkeitsfilters entscheidet darüber, wie ökonomisch die Informationen in den Verarbeitungsprozess gelangen. Je höher die Qualität, desto schneller werden sie in den zuständigen sensorischen Zentren bearbeitet, umcodiert und für die motorischen Zentren zugänglich gemacht. Von dort gelangt die Information in das handlungsausführende neuromuskuläre System und wird als Golfbewegung, als Golfschlag sichtbar. Passieren bereits Fehler im Input (falsche oder unwesentliche Informationen im Verarbeitungsmechanismus), wird auch der Output fehlerhaft sein. Diese sind auf eine mangelnde Konzentrations- bzw. Umschaltfähigkeit der Aufmerksamkeit zurückzuführen. Folgendes Beispiel soll dies verdeutlichen:

Mit der Aufmerksamkeit verhält es sich letztendlich wie mit einer Taschenlampe. Wenn Sie einen Gegenstand beleuchten, können Sie die Lampe so einstellen, dass alle Strahlen gebündelt auf das Objekt gerichtet sind und der Gegenstand scharf angestrahlt wird. Nur dieser Gegenstand allein steht im Licht. Dies ist auch der Fall bei der konzentrativen Aufmerksamkeit oder einfacher: bei der Aufmerksamkeit. Aber die Taschenlampe kann auch anders eingestellt werden, nämlich so, dass zwar der Gegenstand im Blickfeld beleuchtet wird, gleichzeitig aber auch dessen Umgebung. Der gleiche Vorgang ist auch bei der verteilten Aufmerksamkeit (Distribution) der Fall. Sie fühlen sich generell wohl und in Form? Das ist gut so, und das ist distributiv. Sie konzentrieren Ihre Gedanken auf einen gewissen Körperteil, auf Ihren linken Arm beispielsweise? Das ist konzentrativ.

Fokussieren Sie sich auf das Wesentliche!

FALLBEISPIEL

Sie sind auf die Handlung konzentriert, all Ihre Gedanken unterstützen diese und fördern einen tranceähnlichen Zustand. Plötzlich werden Sie durch ein unvorhersehbares Ereignis aus diesem Zustand herausgeworfen. Es reicht dabei schon die Frage: »Warum bin ich gerade in diesem optimalen Leistungszustand?« Oder der Satz: »Hoffentlich hält dieses gute Gefühl weiterhin an.« Plötzlich beginnen Sie, Ihre Aufmerksamkeit von sich wegzulenken auf äußere Reize. Sie werden dabei zum Beobachter von unwesentlichen Dingen, die Ihnen ganz wichtig erscheinen. Sie nehmen Details wahr, die mit dem Golfspiel in keiner Verbindung mehr stehen und stehen dabei in einem inneren Konflikt, weshalb Ihre Gedanken gerade jetzt, in diesem wichtigen Augenblick, abschweifen. Die Aufmerksamkeit auf das Wesentliche geht verloren, ein Grübelkreislauf entsteht.

Der Angst aus dem optimalen Leistungszustand und somit aus einem konzentrativen

Zustand hinausgeworfen zu werden, kann im Vorfeld mit der gedanklichen Auseinandersetzung mit möglichen Störfaktoren, die in Turniersituationen auftreten können, bzw. schon einmal aufgetreten sind, entgegengewirkt werden. Negative Gedanken an Störfaktoren dürfen keinesfalls verdrängt werden und sollten in der Vorbereitung ein wichtiges Thema sein. Unmittelbar vor und während der Handlung sollten sich die Gedanken ausschließlich auf die Handlung beziehen. Kürzel, die den Handlungsablauf direkt unterstützen, positive Erinnerungen, die erwünschte Gefühle hervorrufen, muskuläre Lockerheit, die das optimale Spannungsniveau hervorruft, und ein Verhaltensritual (z. B. Pre-Shot-Routine), das Sicherheit und Selbstvertrauen bewirkt, sind Erfolgskriterien. Wer den Bewegungsablauf mit Kürzeln verbal und rhythmisch unterstützt, befindet sich im Hier und Jetzt und kann nicht so leicht abgelenkt werden. Aufmerksamkeit ist ein Zustand, bei dem man hellwach ist, aber auf eine entspannte losgelöste Weise.

Die Aufmerksamkeit kann daher als hoch entwickelter Mechanismus verstanden werden, der die Fähigkeit besitzt, den Fokus so weit zu verengen, dass man in einem sehr engen Wahrnehmungsfeld Dinge sehr scharf und deutlich aufnehmen kann. Ein punktgenauer Fokus, z. B. der Moment, in dem das Schlägerblatt den Golfball berührt, kann als konzentrative Aufmerksamkeit bezeichnet werden. Schätzt der Golfer in einem Überblick die Schwierigkeiten, die Herausforderungen des Platzes, des Fairways, des Wasserhindernisses grob ein, dann spricht man

38 Aufmerksamkeit »außen-eng«

von verteilter bzw. distributiver Aufmerksamkeit. Die Kunst jedes Golfers ist es, genau im richtigen Augenblick den Fokus von weit auf eng bzw. von eng auf weit intuitiv umzustellen. Die Umschaltfähigkeit ist dabei die Kunst. Konzentrative Aufmerksamkeit benötigt ein hohes Maß an Energie und kann daher auf Grund des entsprechenden Energieverbrauchs auch rasch zur Ermüdung führen, wenn es nicht gelingt, immer wieder, auch in den Pausen, die Aufmerksamkeit zu verteilen, um- bzw. wegzulenken, um abschalten zu können (Pausenverhalten). Daher ist die Aufmerksamkeit als kostbares Gut zu verstehen, das wie ein Gewürz im richtigen Zeitpunkt schärfer bzw. milder eingesetzt werden muss. Auf Grund des Energieverbrauchs sollte als Voraussetzung für eine hohe Qualität der Aufmerksamkeit ein gutes aerobes Grundlagenausdauertraining durchgeführt werden. Ein verbessertes Grundlagenausdauervermögen beschleunigt die körperliche Wiederherstellung in den Pausen und erhöht die Ermüdungs-Widerstandsfähigkeit, sich auch über einen längeren Zeitraum auf etwas intensiv zu konzentrieren.
Um die Aufmerksamkeit halten zu können, sollte es gelingen, sich mit einer Handlung sehr intensiv auseinander setzen zu wollen. Bei Kindern ist zu beobachten, dass, wenn sie sich für eine Sache begeistern, sie nur sehr schwer »aus dieser Welt« herauszureißen sind. Daher ist ein hohes Maß an Aufmerksamkeit gleichzusetzen mit Begeisterungsfähigkeit für eine Sache und mit einem hohen Grad an Neugier, etwas zu entdecken, zu erforschen bzw. seine Möglichkeiten ausschöpfen zu können. Spaß und Freude bei der Tätigkeit sind daher ebenso Stabilisatoren einer konstanten Aufmerksamkeitsleistung.
Aufmerksamkeit kann nach außen oder innen gerichtet sein. Wenn sich alle Gedanken eines Sportlers mit der Empfindung seiner Knieverletzung beschäftigen, dann ist die Konzentration nach innen gerichtet. Ebenso ist es mit einem Golfschlag, bei dem sich der Golfer ganz auf die korrekte Armhaltung beim Abschlagen konzentriert, sich somit nur um das optimale Gefühl beim Schwung kümmert. Er muss lernen, in seinem Körper Details zu unterscheiden, wie Spannung/Entspannung. Auch in diesem Fall richtet er seine Aufmerksamkeit nach innen. Wenn sich der Golfer aber mehr auf seine Mitspieler fixiert bzw. einen Baum beobachtet, dann ist dies hingegen nach außen gerichtete Konzentration.

Die Aufmerksamkeit lässt sich in vier Bereiche gliedern.

Aufmerksamkeit

Aufmerksamkeit		
	innen	*außen*
eng	Konzentration auf das Gefühl bei der Griffhaltung des Schlägers	Der Golfball am Tee
weit	Die Frage nach dem gesamten Aktivierungsniveau	Der Überblick über das zu spielende Loch

Umschaltfähigkeit der Aufmerksamkeit

Der Golfer muss lernen, im richtigen Augenblick notwendige Handlungsschritte in einer Situation zu erkennen und diese unter dem Blickwinkel der Aufmerksamkeit zu ändern. Verharrt er zu lange in einem der zuvor erwähnten Aufmerksamkeitsbereiche, so ergeben sich Schwachpunkte. Der Golfer kann nicht mehr flexibel handeln, weil das Geschehen an ihm vorbeiläuft. So kann der Golfer beispielsweise viel zu lange auf einen Schwachpunkt, z. B. eine Verkrampfung im Oberarm, fixiert sein. Er verliert den Blick für eine sachliche Einschätzung der Beschaffenheit des Fairways und kann nur sehr oberflächlich seiner Strategie für den nächsten Schlag nachgehen.

In Stresssituationen verengt sich der Handlungsspielraum, die Umschaltfähigkeit ist stark reduziert. In dieser Situation handeln Golfspieler so, wie sie es gewohnt sind zu handeln und wie ihre Bewegungsabläufe automatisiert wurden. Alte Verhaltensmuster setzen sich durch, ob sie nun angebracht sind oder nicht. Umschaltfähigkeit trägt dazu bei, mit der notwendigen körpereigenen Energie sparsamer umzugehen.

Die Konzentration auf höchstem Niveau benötigt besonders viel Energie. Diese frei gewordene Energie kann einerseits dazu beitragen, bestimmte Ziele zu verwirklichen, andererseits jedoch Schwachpunkte zu fixieren und damit zu verstärken. Wenn ein Golfer mit einer lädierten Hüfte zum Turnier antritt, ist unter Stress die Gefahr groß, dass nur noch an diesen Schwachpunkt gedacht wird. Wenn man an einen bestimmten Körperteil intensiv denkt, nimmt man diesen bewusster wahr, und plötzlich werden die Empfindungen um einiges sensibler. Der Golfer soll sich gedanklich nicht auf den lädierten Körperteil fixieren, sondern umschalten können auf eine positive Gesamtbefindlichkeit. Konzentration ohne Um- und Abschalten führt zu Müdigkeit.

Checkliste

Erkennen Sie, ob Ihre Gedanken immer noch einem vorangegangenen misslungenen Schlag nachhängen?

Lassen Sie sich leicht von Nebengeräuschen und Verhaltensweisen anderer aus Ihrem strategischen Vorgehen und mentalen Konzept bringen?

Finden Sie das Golfspiel dermaßen attraktiv, dass Sie wie ein Forscher neugierig in Ihre Tätigkeit vertieft sind?

Sind Sie in der Lage, wenn Sie merken, dass Ihre Konzentration auf ein bestimmtes Detail ermüdend wird, zum richtigen Zeitpunkt den Fokus auf »weit« zu stellen und umzuschalten?

Diese wirkt sich in der Folge auf Kondition, Technik und Koordination aus. Auf keinen Fall darf Aufmerksamkeit an vorangegangene Fehler verschwendet werden. Dies würde lediglich sinnlos vergeudete Energie bedeuten, und von der Energie hat man nur ein bestimmtes Maß zur Verfügung. So gesehen ist der menschliche Körper wie der Akku eines Handys: Wenn er leer wird, entstehen Fehler und Unterbrechungen in der Übertragung. Erst das Zuführen neuer Energie bringt den Akku wieder auf Touren. Daher sind Pausen sinnvoll zur körperlichen und geistigen Regeneration zu nutzen.

Golfer sollen während der Handlung möglichst im Hier und Jetzt verweilen. Ent-

scheidend ist, dass der Fokus der Aufmerksamkeit weder an vergangene negative Erlebnisse noch an zukünftige negative Konsequenzen verschwendet wird (vergl. *Pre-Shot-Routine, Neuer Schlag, neues Spiel!*). Der ideale Aufmerksamkeitszustand ist ein meditativ-tranceähnlicher Zustand, in dem der Golfer die Herausforderung des Schlages offen im Hier und Jetzt mit einer inneren Freude in Angriff nimmt. Jederzeit muss der Spieler dabei in der Lage sein, im richtigen Augenblick seinen Aufmerksamkeitsfokus situationsspezifisch zu regulieren und zu verändern.

KONKRETE ANWENDUNG

- Werden Sie sich nochmals bewusst über die attraktiven Seiten, die das Golfspiel mit sich bringt und welche Eigenschaften Sie besonders neugierig und eifrig machen.
- Trainieren Sie bewusst das Hin- und Herschalten Ihrer Aufmerksamkeit, indem Sie zehn Sekunden einen Golfball anstarren, anschließend auf einer Skala von null bis zehn Ihre Gesamtbefindlichkeit einschätzen, dann möglichst viele Dinge in der vor Ihnen liegenden Landschaft wahrnehmen, indem Sie Ihren Blick schweifen lassen und die Aufmerksamkeit auf »weit« stellen. Fühlen Sie die Druckempfindung in Ihren Fingern, wenn Sie den Golfschläger fest umfassen.
- Versuchen Sie nun, Ihr Aufmerksamkeitstraining auf einer lockeren Golf-Trainingsrunde anzuwenden, indem Sie immer wieder bewusst und aktiv Ihren Fokus verändern: Beim Gehen die Aufmerksamkeit auf die Fußsohlen lenken (»innen eng«), dann den Blick auf »außen weit« stellen und das Fairway in all seinen Details, mitsamt der umliegenden Natur, betrachten, beim Golfschlag auf das Gefühl und die Befindlichkeit achten (»innen weit«), und die Golffahne fokussieren (»außen eng«).
- Sie können dieses Training auch in Form eines mentalen Trainings zu Hause durchführen und so die Erinnerungsfähigkeit der Sinnesorgane in der Vorstellung schulen.

39 Der Schlag im Hier und Jetzt

40 Umschaltfähigkeit der Aufmerksamkeit

Pre-Shot-Routine

Die Pre-Shot-Routine – eine mentale Technik

Die Pre-Shot-Routine ist kein monotones, aber doch ein gleich bleibendes, von der Umgebung losgelöstes Ritual. Spätestens jetzt sollte der Übergang von der äußeren Wahrnehmung auf einen inneren meditativen Fokus erfolgen. Spitzengolfer bezeichnen diesen Zustand als eine Phase, in der sie völlig allein in ihrer Welt, abgeschottet von äußeren Reizen, wie in einem Tunnel, nur mehr auf die eigentliche Aufgabe konzentriert sind. Es ist eine mentale Technik, die zu einem tranceähnlichen Zustand führt. Es ist der Moment, den alle Sportler herbeisehnen, weil er von emotionaler Stabilität und Selbstsicherheit geprägt ist, weil er jenen Moment vorwegnimmt, auf seiner Bühne auftreten zu dürfen: der Skispringer im Moment des Absprungs, der Fußballer auf dem Elfmeterpunkt, der Slalomkünstler bei seinem bevorstehenden »Tanz« durch die Tore. Der Golfer vergisst die Dimension der Zeit, die täglichen Probleme sind ausgeschaltet. Dieser Zustand endet genau zu dem Zeitpunkt, an dem er den Schlag durchführt, ohne Wollen, ohne Tuns-Orientierung. Einen Spitzenspieler müsste man mit aller Gewalt aus diesem Zustand herausreißen. Je niedriger das Niveau der mentalen Fertigkeiten, desto leichter lässt sich der Golfer aus seiner Pre-Shot-Routine werfen. Bereits das Murmeln der Zuschauer, das Zwitschern der Vögel, eigene Gedanken reichen aus, um den Fokus zu verlieren und zu verkrampfen. Der Weg zur notwendigen mentalen Stabilität sollte parallel zum Erlernen der Golftechnik beschritten werden.

Stimmen Sie sich auf den Schlag ein!

FALLBEISPIEL

Ein Golfspieler, der sich in der unmittelbaren Schlagvorbereitung unsicher und unruhig fühlt, wird bereits durch kleine Störfaktoren ganz aus dem Konzept geworfen. Sehr häufig fühlt er sich dann leicht ablenkbar und nimmt in seiner Umgebung bereits kleinste Veränderungen wahr. Es beschäftigen ihn Dinge, die in dieser Situation irrelevant und vernachlässigbar sind. In diesem Augenblick wird jeder Störfaktor dahingehend bewertet, als wäre er gegen den Golfer selbst gerichtet, und obendrein absichtlich. Völlig verunsichert führt er nun den Schlag aus.

Je leichter der Golfer aus dem Konzept geworfen wird, umso schlechter ist sein mentaler Zustand. Ziel kann es daher nur sein, sich über Verhaltensweisen, Gedanken, Spannungs- und Gefühlsregulation in den optimalen Leistungszustand zu begeben.

Ein gefestigtes Verhaltensritual soll einen meditativen Zustand ermöglichen, in dem die Aufmerksamkeit auf sich und die Handlung gelenkt wird. Diese meditative Technik, die sich aus der Golfbewegung entwickelt, wird eingeleitet durch ein bestimmtes Zeichen, z. B. durch das Herausnehmen des Schlägers aus der Tasche oder das Hochwerfen von Gras zur Bestimmung der Windverhältnisse. Dieser Marker löst die Pre-Shot-Routine-Phase aus. Genau in diesem Augenblick sollte der Golfer in einen tranceähnlichen Zustand fallen. Alle Verhaltensweisen in dieser Phase dienen der Herstellung eines störungsfreien, harmonischen, meditativen Zustandes, in dem der Golfer ganz in der Handlung aufgeht und die Gedanken den Prozess der Handlung unterstützen, also im Hier und Jetzt sind. Er genießt diesen Zustand und lässt sich den Spaß am Golfspielen von niemandem und nichts nehmen. Er tut es ausschließlich für sich selbst und holt sich die Belohnung durch das Glücksgefühl, welches aus der Aktion entspringt. Dieser Zustand wird auch autotelisches Erleben genannt. Probleme können dann auftreten, wenn die Gedanken des Golfers von den möglichen Konsequenzen bis zurück zu negativen Erfahrungen reichen. Dann ist er abgelenkt – nicht nur durch seine Gedanken, sondern auch durch sein Verhalten und jenes der anderen: Er wird zum Beobachter seiner Umgebung.

Damit der Zustand der Pre-Shot-Routine gemeinsam mit dem Schlag verschmilzt, wird dieser Prozess durch den festgelegten Ablauf zu einer meditativen Technik. Dies sind:

- Marker setzen
- Autosuggestive Formeln
- Imitationsübungen
- Zielvisualisierung

Der Golfer akzeptiert dabei alle Störfaktoren. Es handelt sich um einen Aktiv-Wach-Trancezustand. Golf nimmt in diesen Augenblicken einen Stellenwert ein, der durchaus vergleichbar mit bewährten asiatischen meditativen Verfahren bzw. westlich orientierten Entspannungstechniken zur Harmonisierung von Geist und Körper ist. In allen Übungen kann der optimale Leistungszustand erwirkt und Energie zum Fließen gebracht werden; allerdings fehlt beim Golf der ideologische, philosophische und transzendentale Hintergrund.

Diese meditative Technik sollte täglich mehrmals besonders beim Training und im Turnier, Schlag für Schlag angewendet werden, um eine Automatisierung und damit Konditionierung zu bewirken.

KONKRETE ANWENDUNG

- Leiten Sie Ihre Pre-Shot-Routine ein, indem Sie den Golfschläger kurz fest anfassen und aus der Golftasche nehmen.
- Ihr ganz besonderer Satz könnte lauten: »Mit Freude, Sicherheit und Harmonie

Pre-Shot-Routine

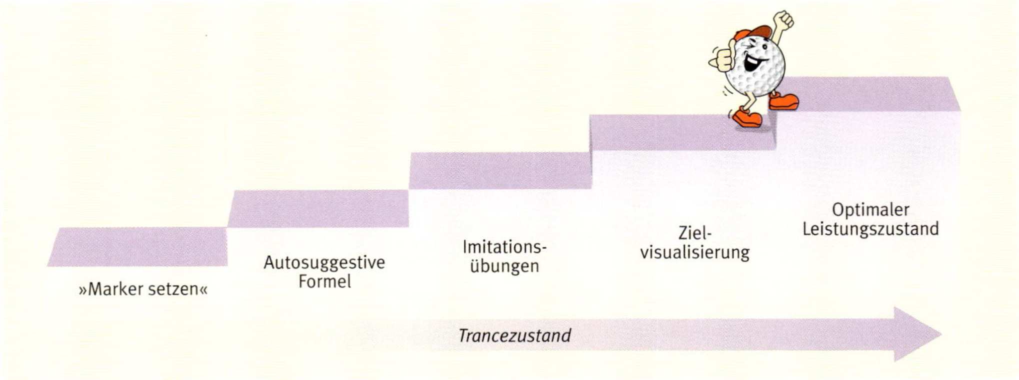

Checkliste

Gelingt es Ihnen, durch bestimmte formelhafte Vorsätze, wie rhythmisches Einstimmen (also golfspezifische Imitationsübungen), in einen optimalen Leistungszustand zu gelangen?

Sind Sie dabei entschlossen mit Ihren Gedanken auf die Handlung fokussiert und freuen Sie sich auf diese?

Sind Sie in der Lage, Störfaktoren wie Geräusche, Wind, Regen einfach zur Kenntnis zu nehmen ohne dagegen anzukämpfen?

41 Die optimale Bahn festlegen und visualisieren

den Golfball schlagen« (vergl. Seite 100). Diesen Satz koppeln Sie mit Ihrem optimalen Gefühl und einer für dieses Gefühl repräsentativen Bewegung, indem Sie mehrmals den Golfschlag rhythmisch und gelöst imitieren und sich somit in einen tranceähnlichen Zustand begeben.

- Sie sollten nun bei der Imitation des Schlages Ihr optimales Gefühl wahrnehmen und dabei die Flugbahn des Balles visualisieren.
- Nun spielen Sie den Ball mit Freude aus dem Bauch heraus und verlassen Sie sich ganz auf Ihre Fähigkeiten.

Genau so! Ein Tag, auf den es angekommen ist

Der Ball fliegt und fliegt und fliegt, und irgendjemand hinter Ihnen schreit schon auf: »Das wird ein ›hole in one‹, das wird ein Ass!« Sie selbst können es noch gar nicht fassen, wie sensationell gut Sie den Ball getroffen haben.

Wie eingemeißelt stehen Sie da, den Schläger noch hoch in der Luft, die Beine seitlich angewinkelt, die Augen schweifen in die Ferne. Sie sehen den Ball entschwinden, wissen, dass er das Green erreichen wird, vielleicht sogar dorthin rollt, wohin er soll. Dutzende, hunderte von Bildern schießen Ihnen durch den Kopf, dermaßen schnell, dass Sie sie nicht fassen und realisieren können. Das Einzige, was Ihnen jetzt bewusst wird, ist die Tatsache, dass es Momente wie diese sind, für die Sie sich auf dem Golfplatz abmühen, ja zeitweise auch abquälen.

Sie sind beileibe kein großartiger Golfer. Wie auch. Sie haben erst relativ spät mit diesem Spiel begonnen, mehr überredet als überzeugt von Ihrem Lebenspartner. Sie sind dennoch begeistert, welche Möglichkeiten Ihnen diese Sportart bietet. Sich Tage lang in der freien Natur aufzuhalten, beispielsweise, sich mit Freunden zu treffen, um Spaß zu haben. Aber auch: sich in Demut zu üben, nichts als selbstverständlich hinzunehmen, vor allem jedoch geduldig zu sein.

Nun gehört die Verbesserung des Handicaps im Turnier zum Golf wie das viel zitierte Salz in die Suppe. So gerne Sie sich auch im Berufsleben messen, so ungern denken Sie an Golfturniere. Nicht, weil Sie sich der Herausforderung nicht stellen wollen, sondern weil ein missglückter Schlag eine sofortige Blamage darstellt. Doch Sie geben den Dingen die richtige Wertigkeit. Sicher ist es schön, den Ball hinauszudonnern, fast 200 m weit. Sicher ist es schön, von anderen gelobt und gefeiert zu werden, aber folgt auf jeden Schlag nicht der nächste? Und wird dieser auch so gut sein? Deswegen heißt es: demütig bleiben, nichts als selbstverständlich hinnehmen.

Sie wissen, dass Golf nicht nur mit Händen und Füßen gespielt wird, sondern vor allem mit dem Kopf. Die innere Einstellung zum Spiel ist wichtig, so wichtig wie die richtige Technik und eine gute Ausrüstung. Nur wenn Sie richtig motiviert sind, wenn Sie sich nicht unter Druck setzen lassen, wenn der Stress des Turniers an Ihnen einigermaßen vorübergeht, können Sie Ihre Trainingsleistungen auch unter erschwerten Bedingungen umsetzen. Locker und frei, und Sie sind dabei!

Erinnern Sie sich noch, wie Sie Wasserhindernisse regelrecht gehasst haben? Wie das Wasser wie ein Magnet auf Ihren Ball wirkte, und dass sogar schon gewitzelt wurde, dass ein Mitspieler in Ihrem Flight nur hätte spucken müssen, um Ihren Schlag zu ruinieren? Und nun? Nun assoziieren Sie mit dem Wasser nicht mehr ein Hindernis, sondern all das Lebendige, was mit reinem, klarem Quellwasser verbunden werden kann. Ein Wasserfall, vor dem Sie stehen, ist zentrale Thematik in Ihrem Ruhebild, und wie Sie so auf das fallende Nass blicken, geht hinter diesem die Sonne auf. Ein neuer Tag, ein neues Spiel, ein neuer Schlag.

Wie oft haben Sie bei den letzten Turnieren schon den Kopf geschüttelt, wenn Sie anderen Golfern bei der Ausübung ihrer Tätigkeiten zugesehen haben. Wie kann der noch Spaß an der Sache haben, dachten Sie sich. Der eine schimpfte und stöhnte, der andere hätte Sie mit seinem Ball fast getroffen, wenn Sie sich nicht rechtzeitig duckten. Sie hingegen haben in der Zwischenzeit Ihre innere Ruhe gefunden. Ein verpatzter Schlag kann Sie nicht aus dem Gleichgewicht bringen. Sie atmen in solchen Fällen tief durch, rufen das Bild des perfekten Schlages ab, begeben sich lächelnd in Ihre Pause. Dass Ihnen andere Spieler mit Unverständnis begegnen – »Wie kannst Du nach so einem Schlag nur grinsen??« – stört Sie wenig. Sie wissen, sich von Vergangenem ebenso wenig beeinflussen zu lassen wie von Zukünftigem. Was zählt, ist das Hier und Jetzt, und nur das zählt.

Sie machen einfach alles richtig, auch wenn nicht jeder Schlag den gewünschten Effekt hat oder haben kann. Sie wissen, dass Sie sich auch technisch noch weiterentwickeln müssen, und Sie können sich denken, dass der Caddie von Tiger Woods sicher den einen oder anderen guten Tipp für Sie auf der Golfrunde hätte. Aber der ist ja mit einem anderen Spieler beschäftigt. Egal. Sie kommen auch sehr gut alleine zurecht. Sie finden Gründe, warum Sie Ihrem Spiel nachgehen, auch bei schlechtem Wetter, auch bei einer Zusammensetzung des Flights, die Ihnen nicht behagt: Warum mit denen spielen müssen und nicht mit meinen Freunden? Sie spielen Golf für sich, nicht für andere. Sie wollen Spaß haben und Sie wissen, dass es an Ihnen liegt, sich diesen Spaß zu nehmen oder nicht nehmen zu lassen. Mögen sich die anderen ärgern, wenn sie NICHT ins Wasser spielen wollen und mit der Genauigkeit eines Scharfschützen den Ball dorthin schießen. Sie hingegen wissen, dass das Wasserhindernis kein Hindernis ist, sondern Ihren Tag verschönert.

Sie stehen immer noch da wie ein Ausstellungsstück in einem Museum. Glücksgefühle durchlaufen Ihren Körper und Sie wünschen sich, dass dieser Moment nie aufhören möge. Ihr Ball liegt irgendwo da draußen, auf dem Green oder im Loch, aber das ist Ihnen in diesem Moment einerlei. Es war Ihr perfekter Schlag an diesem Tag, es war der schönste Schlag des ganzen Turniers, für Sie ohnehin, aber auch für andere. Im Clubhaus werden Sie gefeiert, während sich frustrierte Mitspieler schon auf dem Heimweg befinden. Sie lässt man hochleben. Nicht, weil Sie den Wettbewerb gewonnen haben, sondern weil Sie das realisiert haben, was Ihre Geschäftspartner, Ihre Freunde, Ihre guten Bekannten auch realisieren möchten: Einen Schlag, der sich einmeißelt in die Bahnen des Gehirns, einen Schlag, der dem gesamten Spiel, das ach so mühsam sein kann, einen höheren Sinn gibt.

Andere werden Ihnen sagen, dass Ihre Technik makellos war. Mag sein. Aber der perfekte Schlag wird zuallererst mit dem Kopf ausgeführt.

Literaturverzeichnis

Birkenbihl, Vera F.: Erfolgstraining. Schaffen Sie sich Ihre Wirklichkeit selbst. mvg-verlag, Landsberg am Lech 2001.

Camus, Albert/Zitat aus **Weidenfeld, Christian:** Lexikon der schönsten Sprichwörter und Zitate. Bassermann 2000.

Ciompi, Luc: Die emotionalen Grundlagen des Denkens. Entwurf einer fraktalen Affektlogik. Vandenhoek & Ruprecht, Göttingen 1997.

Der Barfußdoktor: Handbuch für den gewitzten Stadtkrieger. Ein spiritueller Überlebensführer. Rowohlt Taschenbuch Verlag, Reinbek bei Hamburg 2000.

EMDR – Level 1. Lehrunterlagen. EMDR – Institut Österreich – Institut für Traumatherapie (http://www.emdr.at). Wien 2002.

Frankl, Viktor/Zitat aus: **Titze, M.:** Die heilende Kraft des Lachens. Frühe Beschämungen mit therapeutischem Humor heilen. Kösel, München 1995.

Frester, Rolf/ Thomas Wörz: Mentale Wettkampfvorbereitung. Ein Handbuch für Trainer, Übungsleiter, Sportlehrer und Sportler. Vandenhoeck & Ruprecht, 2002.

Fromm, Erich: Die Kunst des Liebens. Econ Taschenbuch Verlag, München 2000.

Harris, Amy Bjork/Thomas A. Harris: Einmal O.K. Immer O.K. Transaktionsanalyse für den Alltag. Rowohlt Taschenbuch Verlag, Reinbek bei Hamburg 2001.

Hüther, Gerald: Gebrauchsanleitung für das menschliche Gehirn. Vandenhoeck & Ruprecht, Göttingen 2002.

Langenkamp, Heiner/Rainer Mund: Psychologisches Training. Lehrbrief 8. E. Albrecht Verlag-KG, Gräfelfing 1999.

Neumann, Jost: Autogenes Golf. Der neue Weg zum besseren Handicap. BLV Verlag, München 2000.

Peter, Burkhard/Wilhelm Gerl: Entspannung. Das umfassende Training für Körper, Geist und Seele. Mosaik Verlag, München 1977.

Reinecker, Hans u.a.: Lehrbuch der Verhaltenstherapie. dgvt-Verlag, Tübingen 1999.

Schubert, F.: Psychologie zwischen Start und Ziel, Berlin 1981

Springer, Sally P./Georg Deutsch: Linkes Rechtes Gehirn. Funktionelle Asymmetrien. Spektrum Akademischer Verlag, Heidelberg/Berlin/New York 1993.

Stumm, Gerhard/Beatrix Wirth (Hrg.): Psychotherapie. Schulen und Methoden. Eine Orientierungshilfe für Theorie und Praxis, Falter Verlag, Wien 1994.

Vaitl, Dieter/Franz Petermann (Hrsg.): Handbuch der Entspannungsverfahren. Bd. 1. Psychologie Verlags Union, Weinheim 1993.

Walen, S.R., R. Di Giuseppe, R.L. Wessler: RET-Training, München 1982

Weineck, Jürgen: Optimales Training. Spitta Verlag, Balingen 2000.

Wörz, Thomas/Egon Theiner: Erfolg durch Selbstmanagement in Leistungssport und Berufsleben. Vandenhoeck & Ruprecht, Göttingen 2001(2).

Wörz, Thomas/ Hans-Wolf v. Schleinitz (Hrsg.): Neue Tendenzen zur Leistungsoptimierung. Pabst Science Publishers, Lengerich 2000

Glossar

Analysatoren Informationen über die Außenwelt und den eigenen Körper werden über die Sinnesorgane aufgenommen und zur weiteren Verarbeitung an das Nervensystem bzw. die Großhirnrinde weitergeleitet. Neben den klassischen fünf Sinnen wie Sehen, Hören, Riechen, Schmecken und Tasten unterscheidet man weitere Sinnesmodalitäten, die auch als Analysatoren bezeichnet werden. So gibt es z. B. Analysatoren in Muskeln, Sehnen und Gelenken, die über den inneren Zustand des Körpers (Körperhaltung, Position der Gelenke, Dehnungszustand der Muskulatur usw.) informieren. Auch der Gleichgewichtssinn (statikodynamischer Sinn), der sich im Innenohr befindet, gehört zu den Analysatoren.
Aufmerksamkeit Bezeichnung für den psychischen Zustand einer zielgerichteten wachen Aufnahme- und Auffassungsbereitschaft. Zusammenhänge bestehen insbesondere mit der Motivation und dem Bewusstsein. Lenkt man seine volle Aufmerksamkeit auf einen bestimmten Gegenstand (d. h. man bündelt seine gesamte Wahrnehmung konzentrativ auf den ausgewählten Bereich), wird man automatisch unaufmerksam anderen Gegenständen gegenüber. Daher wird im Wesentlichen unterschieden zwischen konzentrativer und verteilter Aufmerksamkeit (Wahrnehmung wird auf mehrere Gegenstände gleichzeitig gerichtet). Des Weiteren kann die Aufmerksamkeit nach außen und nach innen gerichtet sein.
Autosuggestion – autosuggestive Formel Bei der Autosuggestion versucht man sich durch gezielte Selbstgespräche oder Wörter selbst zu beeinflussen. Ziel der Autosuggestion ist es, Verhaltens- und Bewusstseinsänderungen zu erreichen. Dazu beitragen können z. B. bewusste positive Gedanken und regelmäßig wiederholte Leitsätze (autosuggestive Formeln)
Autotelischer Ansatz Wenn sich Menschen einem Erlebnis nicht wegen damit verbundener äußerer Belohnungen, sondern um des Zustands selbst willen hingeben, dann kann man dieses Erleben als autotelisch bezeichnen.
Bewegungsgefühl Meint eine spezialisierte Form der Wahrnehmung einzelner Teile oder des Gesamtbewegungsablaufs mit intensiver emotionaler Erlebnisqualität. Merkmale für ein ausgeprägtes Bewegungsgefühl sind vor allem Lockerheit, erlebte Bewegungsharmonie (flüssige Verbindung einzelner Teilelemente der Bewegung und Bewegungsphasen), lokalisiertes differenziertes Gefühl für Druck, Zug, Anspannung und Spannung der Muskelgruppen. Bewegungsgefühl kann vermittelt werden, indem an individuelle Erlebnisse der Sportler angeknüpft wird und die angestrebten Erlebnisinhalte in Form von Metaphern (bildhafter Ausdruck) verbalisiert sowie im Gedächtnis festgehalten werden. (siehe auch kinästhetischer Sinn)
Biofeedback Beim Biofeedback werden die mit technischer Hilfe aufgezeichneten physiologischen Körperfunktionen wie z. B. Muskelspannung, Blutdruck, Hautleitwert in grafischer und/oder akustischer Form dargestellt. So können diese Prozesse bewusst gemacht werden und man kann dadurch lernen, seine Körperfunktionen zu beeinflussen. Körperwahrnehmung und Selbstkontrolle sind somit durch die regelmäßige Anwendung von Biofeedback erlernbar. Biofeedback wird vor allem zur Behandlung schmerzhafter oder stressbedingter Zustände eingesetzt und hilft dem Anwender, physiologische Vorgänge zu regulieren, die normalerweise unwillkürlich ablaufen.
Entspannungstechniken Techniken zum Erreichen eines der Erregung und Anspannung entgegengesetzten psychophysischen Zustandes. Physisches Merkmal der Entspanntheit ist u. a. eine abgesenkte Herz- und Pulsschlagfrequenz. Zu den bekannten Entspannungstechniken zählen das Autogene Training, Progressive Muskelrelaxation, Biofeedback, Verfahren der Autosuggestion wie Yoga und verschiedene Formen der Meditation.
Ideomotorisches Training (IT) Ideomotorisches Training ist ein planmäßig wiederholtes, bewusstes, lebhaftes Sich-Vorstellen und Nachempfinden einer sportlichen Bewegungshandlung, ohne dass Teil- oder Gesamtbewegungen wirklich praktisch durchgeführt werden. Je klarer und differenzierter (Einbeziehung sämtlicher Sinnesorgane) die Bewegungsvorstellung ist, desto wirkungsvoller ist das Training. Dem IT wird oft eine Entspannungsphase vor-

geschaltet, um den Einstieg zu erleichtern und das Konzentrationsvermögen zu erhöhen. Bei der Durchführung des IT ist es wichtig, dass der gedankliche Ablauf fließend, rhythmisch und ohne Verharren auf einem bestimmten Teil der Bewegung erfolgt.

Kinästhetischer Sinn (siehe auch Analysatoren) Der kinästhetische Sinn gibt Auskunft über das Bewegungsgefühl und über die Stellung der Extremitäten bzw. des Rumpfes sowie über die auf sie einwirkenden Kräfte. Die Rezeptoren des kinästhetischen Analysators befinden sich in allen Muskeln, Sehnen, Bändern und Gelenken.

Kognitionen Gedankliche Prozesse wie Selbstgespräche, Überzeugungen, Einstellungen oder Denkmuster und Denkfehler, Ursachenzuschreibungen etc. denen man bei bestimmten Fehlverhaltensweisen eine mitverursachende Rolle zuschreibt und durch deren Beeinflussung man positive Wirkungen erzielen kann.

Konditionierung Konditionierung ist eine Form des Lernens. Pawlow hat bereits 1927 das Prinzip des klassischen Konditionierens an Hunden erforscht: Dazu koppelte er einen zunächst neutralen Reiz (Glockensignal) mehrfach mit einem biologisch bedeutsamen Auslöser (Futter). Dieser löste bei hungrigen Tieren eine Speichelsekretion (unbedingte Reaktion) aus. Durch die mehrfache Koppelung von Glockensignal und Futter erwarb der neutrale Reiz (Glockensignal) schließlich die Funktion eines Auslösers für die Speichelsekretion – er wurde zum bedingten Auslöser für eine nunmehr bedingte Reaktion.

Konfrontation Wenn man sich gefürchteten Gegenständen oder Situationen aussetzt, ohne die Wahrnehmung zu verdrängen, spricht man von Konfrontation. Häufig führt wiederholtes und/oder länger andauerndes Konfrontationstraining zum dauerhaften Verschwinden der Angst.

Lösungsorientierung Das verhaltenstherapeutische Prinzip, sich nicht so sehr mit den Problemen einer Person zu beschäftigen, sondern mit den Möglichkeiten diese zu überwinden.

Paradoxe Intervention Das Verschreiben scheinbar widersinniger Aufgaben wie z. B. ein bestimmtes Symptom, das der Klient eigentlich loswerden möchte, willentlich zu erzeugen.

Regression In der psychoanalytischen Theorie ein Zurückgehen von Teilen der Persönlichkeit auf eine frühere Stufe der Entwicklung (Ressourcenorientierung).

REM-Schlaf Im Laufe des Schlafzyklus verändern sich die Gehirnströme immer nach dem gleichen Muster, sodass man vier Stufen unterscheiden kann. Zwischen diesen Phasen hat man jedoch auch immer wieder Traumphasen. Man bezeichnet diese als REM-Schlaf (englisch: rapid eye movements, also schnelle Augenbewegungen hinter den geschlossenen Lidern). Kennzeichen von solchen REM-Phasen sind unregelmäßiger Puls, Atmung und Blutdruck. In dieser Phase soll die Verarbeitung von Probleminhalten erfolgen.

Systematische Desensibilisierung (SD) Systematische Desensibilisierung ist ein verhaltenstherapeutisches Verfahren, das in erster Linie zur Bewältigung von Angststörungen eingesetzt wird. Bei der SD findet eine schrittweise Auseinandersetzung mit der Problemsituation statt, begleitet von angstreduzierenden Maßnahmen, meist einer Entspannungstechnik, und zwar in der Vorstellung und/oder in der Realität.

Ressourcenorientierung Ein therapeutischer Ansatz, der vermehrt die Stärken einer Person hervorhebt und auf ihnen aufbaut, als sich mit seinen Defiziten zu beschäftigen.

Transaktionsanalyse Ein Konzept der Einzel- und Gruppenpsychotherapie, das das Verhalten und Erleben als Ausdruck wechselnder »Ich-Zustände« (Kindheits-Ich, Eltern-Ich, Erwachsenen-Ich) auffasst und die Beziehungen zwischen Personen auf Transaktionen zwischen diesen Ich-Zuständen zurückführt.

Verdrängung Ein Abwehrmechanismus, durch den bedrohliche oder unakzeptable Wahrnehmungen, Erinnerungen oder Fantasien aus dem Bewusstsein verbannt und somit unbewusst werden.

Verstärkung: Ein Ereignis, dass unmittelbar oder in kurzem Abstand auf eine Handlung folgt und die Wahrscheinlichkeit erhöht, dass diese Handlung unter ähnlichen Bedingungen wieder auftritt.

Register

Dr. Thomas Wörz , geb. 1963 in Salzburg

Dr. Thomas Wörz bereitet seit Jahren zahlreiche Weltklassesportler (Olympiasieger und Weltmeister) u. a. das Österreichische Herren-Ski-Nationalteam (offizieller sportpsychologischer Betreuer der Olympiamannschaft in Salt Lake City 2002) und Golf Nationalteams mental auf Wettkampfhöhepunkte vor. Mit dem 5. Platz bei den Golf-Weltmeisterschaften 2002 erreichte das österreichische Herrenteam (Amateure) das beste Ergebnis in der Geschichte des österreichischen Golfsports.
Der Sportwissenschaftler und Psychotherapeut (Kognitive Verhaltenstherapie) war als aktiver Leistungssportler u.a. Olympiateilnehmer 1988 in Calgary und Vizeweltcupsieger im Viererbob sowie Staatsmeister in der Leichtathletik.
Den Schwerpunkt seiner psychologischen Tätigkeit hat er auf den Bereich Mentales Golf, Mentale Fitness sowie Selbst-, Stressmanagement und Wettkampfvorbereitungsstrategien für Sportler und Berufstätige gelegt und zu dieser Thematik Vorträge und Seminare geleitet.
Er ist Geschäftsführer eines erfolgreichen Leistungszentrums für Nachwuchssportler in Salzburg (Salzburger Schul-Sport-Modell) und Lehrbeauftragter für Mentales Training und Psychoregulation am Institut für Sportwissenschaften der Universität Salzburg.
Im Verlag Vandenhoeck & Ruprecht ist von ihm zu dieser Thematik das Buch »Erfolg durch Selbstmanagement« (1999) erschienen. Außerdem hat er gemeinsam mit Rolf Frester (1997) das Buch »Mentale Wettkampfvorbereitung« publiziert.

Hinweis
Das vorliegende Buch wurde sorgfältig erarbeitet. Dennoch erfolgen alle Angaben ohne Gewähr. Weder Autor noch Verlag können für eventuelle Nachteile und Schäden, die aus den im Buch vorgestellten Informationen und Übungen resultieren, eine Haftung übernehmen.

Bibliografische Information
Der Deutschen Bibliothek
Die Deutsche Bibliothek verzeichnet diese Publikation in der Deutschen Nationalbibliografie; detaillierte bibliografische Daten sind im Internet über http://dnb.ddb.de abrufbar.

BLV Verlagsgesellschaft mbH
München Wien Zürich
80797 München

Lektorat: Yára Detert/Dr. Christa Söhl
Layoutkonzept: Sabine Fuchs
DTP: Uhl + Massopust, Aalen
Herstellung: Peter Rudolph
Einbandgestaltung:
Joko Sander Werbeagentur, München
Umschlagfotos: Vorderseite: Sportimage
Rückseite: Ulli Seer

Gedruckt auf chlorfrei gebleichtem Papier

Bildnachweis
Hardt: S. 100, 113; **Parzinger:** S. 73; **Schaad:** S. 28, 38, 39, 44, 67, 68, 85, 91, 99, 128; **Seer:** S.1, 2/3, 5, 14, 17, 18, 21, 22/23, 29, 33, 35, 51, 60/61, 70, 78, 88, 90, 94, 96/97, 110, 119, 125, 129, 134, 136; **Stengel:** S. 6/7, 10, 11, 20, 24, 34, 42, 48/49, 54, 64, 80/81, 95, 105, 114/115, 122/123, 130/131

Grafiken: Jörg Mair, Herrsching

Printed in Germany · ISBN 3-405-16629-2

Verbessern Sie Ihr Handicap!

Alexander Kölbing
Richtig gutes Golf
Damit Golfen mehr Spaß macht – das kompakte Lehrbuch, das alle Aspekte des Spiels behandelt: Grundlagen, Ausrüstung, Etikette, Kraft und Richtung, der richtige Schwung, das kurze Spiel, Golf mental.

Bob Rotella
So putten Sieger
Putten wie ein Profi – Erfolgskonzepte des weltbekannten Sportpsychologen: das Ziel fixieren und einlochen – konzentriert, routiniert, selbstsicher.

Tiger Woods und die Redakteure von Golf-Digest
Tiger Woods: So spiele ich!
Das erste und einzige Lehrbuch von Tiger Woods: die ultimative Golflektion des weltbesten Spielers, seine faszinierende Erfolgsgeschichte, seine geniale Spieltechnik und Einblicke in sein Leben.

Steve Newell
Golf mit den Besten
Lernen von den Tour Pros: Weltklasse-Golf für alle – mit 20 der besten Golf-Profis unterwegs auf Meisterschaftsplätzen; die Spielweise und persönliche Tipps von Golf-Legenden wie Ernie Els, Gary Player, Nick Faldo und anderen.

Nick Wright
Mit System zum besseren Handicap
Individuelle Trainingsprogramme für ambitionierte Golfer: systematisch aufgebauter und perfekt strukturierter 10-Wochen-Trainingsplan; pro Woche: das gezielte Training eines speziellen Spielaspekts; Trainingsmethoden, Übungen, Platzstrategie.

Robert Hamster
Golf – die ersten Lektionen
Das Übungs- und Arbeitsbuch für Anfänger: die Grundschlagtechniken Schritt für Schritt leicht erlernen; Ausrüstung, Technik, Training, Etikette, Strategie; zum Mitnehmen und Trainieren auf der Runde: die sieben Grundschläge auf Checkkarten.

Im BLV Verlag finden Sie Bücher zu den Themen: Garten und Zimmerpflanzen • Natur • Heimtiere • Jagd und Angeln • Pferde und Reiten • Sport und Fitness • Wandern und Alpinismus • Essen und Trinken

blv

Ausführliche Informationen erhalten Sie bei:

BLV Verlagsgesellschaft mbH
Postfach 40 03 20 • 80703 München
Tel. 089/127 05-0 • Fax -543 • http://www.blv.de